Soziologie

Forum
der Deutschen Gesellschaft für Soziologie

Heft 2 · 2018

Herausgeberin im Auftrag von Konzil und Vorstand der Deutschen Gesellschaft für Soziologie:
Prof. Dr. Sina Farzin (verantwortlich im Sinne des Presserechts)
Redaktion: Prof. Dr. Sylke Nissen und Dipl. Pol. Karin Lange, Universität Leipzig, Institut für Soziologie, Beethovenstraße 15, D-04107 Leipzig, E-Mail: soz-red@sozio.uni-leipzig.de, Tel.: 0341/97 35 648 (Redaktion) oder 040/42 83 82 549 (Sina Farzin)

Vorsitzende der Deutschen Gesellschaft für Soziologie:
Prof. Dr. Nicole Burzan, TU Dortmund, Institut für Soziologie, Emil-Figge-Straße 50, D-44227 Dortmund, E-Mail: nicole.burzan@kwi-nrw.de, Tel.: 0231/75 57 135
Geschäftsstelle der Deutschen Gesellschaft für Soziologie:
Dr. Sonja Schnitzler (Leitung), DGS c/o Kulturwissenschaftliches Institut Essen, Goethestraße 31, D-45128 Essen, E-Mail: sonja.schnitzler@kwi-nrw.de,
Tel.: 0201/72 04 208, Fax: 0201/7204111
Schatzmeister der Deutschen Gesellschaft für Soziologie:
Prof. Dr. Dariuš Zifonun, Philipps-Universität Marburg, Institut für Soziologie, Ketzerbach 11, D-35032 Marburg, E-Mail: darius.zifonun@staff.uni-marburg.de,
Tel.: 06421/28 24 589

Aufnahmeanträge für die DGS-Mitgliedschaft und weitere Informationen unter www.soziologie.de

Die Zeitschrift *Soziologie* erscheint viermal im Jahr zu Beginn eines Quartals. Redaktionsschluss ist jeweils sechs Wochen vorher. Für Mitglieder der DGS ist der Bezug der Zeitschrift im Mitgliedsbeitrag enthalten. Beiträge in der *Soziologie* werden erfasst über EBSCO Sociology Source Ultimate sowie in den CSA Sociological Abstracts und dem Sozialwissenschaftlichen Literaturinformationssystem SOLIS, beide erreichbar über Gesis – Sowiport (sowiport.gesis.org).

Campus Verlag GmbH, Kurfürstenstraße 49, D-60486 Frankfurt am Main, www.campus.de
Geschäftsführung: Marianne Rübelmann
Programmleitung: Dr. Judith Wilke-Primavesi
Anzeigenbetreuung: Stefan Schöpper, Tel.: 069/97 65 16 32, E-Mail: schoepper@campus.de
Abonnementbetreuung: HGV Hanseatische Gesellschaft für Verlagsservice, Holzwiesenstraße 2, D-72127 Kusterdingen, E-Mail: journals@hgv-online.de, Tel.: 07071/93 53 16, Fax: -30 30

Bezugsmöglichkeiten für Nichtmitglieder der DGS:
Jahresabonnement privat 70 €, Studierende / Emeriti 30 €
Jahresabonnement Bibliotheken / Institutionen 110 € print / 177 € digital (nach FTE-Staffel)

Alle Preise zuzüglich Versandkosten. Alle Preise und Versandkosten unterliegen der Preisbindung. Kündigungen des Abonnements müssen spätestens sechs Wochen vor Ablauf des Bezugszeitraums schriftlich mit Nennung der Kundennummer erfolgen.
© Campus Verlag GmbH, Frankfurt am Main 2017
Alle Rechte vorbehalten. Kein Teil dieser Zeitschrift darf ohne schriftliche Genehmigung des Verlages vervielfältigt oder verbreitet werden. Unter dieses Verbot fällt insbesondere die gewerbliche Vervielfältigung per Kopie, die Aufnahme in elektronische Datenbanken und die Vervielfältigung auf CD-Rom und allen anderen elektronischen Datenträgern.
Druck: Beltz Bad Langensalza GmbH
ISSN 0340-918X

Inhalt

Editorial 141

Identität und Interdisziplinarität

Tanja Bogusz
Ende des methodologischen Nationalismus? 143

Roman Kiefer, Christoph Panzer, Hannes Weinbrenner
Das Versprechen der Soziologie 157

Forschen, Lehren, Lernen

Jo Reichertz
Wer erbringt hier die Leistung? 176

Autorenkollektiv
Aktuelle Herausforderungen der
Wissenschafts- und Hochschulforschung 187

DGS-Nachrichten

In eigener Sache:
Notizen zur Leser- und Leserinnenumfrage 2017 204

Veränderungen in der Mitgliedschaft 210

Berichte aus den Sektionen und Arbeitsgruppen

Sektion Biographieforschung 212

Sektion Familiensoziologie 215

Sektion Kultursoziologie 217

Sektion Soziologie der Kindheit 220

Arbeitskreis quantitative Religionsforschung 223

Nachrichten aus der Soziologie

Reinhard Wittenberg, Peter Lütke-Bornefeld, Werner Raub
In memoriam Günter Büschges 227

Bernhard Schäfers
In memoriam Horst Baier 231

Habilitationen 236

Call for Papers 237
Kampf um Europa: Felder, Diskurse, Relationen • Komplexe
Dynamiken und Entwicklungen in Europa • In Serie. Architekturmoderne zwischen Zweckbau und Sozialutopie • Die (Außer-)
Alltäglichkeit ewiger Verdammnis • Konsum und Verhalten in
kapitalistischen und postmaterialistischen Gemeinschaften •
Figurationen der Wohnungsnot

Tagungen 249
Stadterneuerung in Klein- und Mittelstädten • Leibliche
Interaktion. Phänomenologische Annäherungen an einen
soziologischen Grundbegriff • Kritiken der Krise •
Diversity, Threat and Morality in Urban Spaces

Autorinnen und Autoren 257

Abstracts 261

Liebe Kolleginnen, liebe Kollegen,

Als wir Sie im Herbst 2017 baten, an einer Umfrage unter den Lesern und Leserinnen der SOZIOLOGIE teilzunehmen, waren wir nicht sicher, ob wir mit viel Resonanz rechnen konnten. Viele unter Ihnen sind vermutlich immer wieder mit unverlangt zugesandten Einladungen und Aufforderungen dieser Art konfrontiert, und selbst bei durchaus ehrenhaften Anliegen beschleicht einen nach Anklicken von Unterfrage 56_3_b manchmal eine Ahnung, dass man den Nachmittag vielleicht doch sinnvoller hätte verbringen können. Wir haben unsere Umfrage daher kurz gehalten und ob es nun daran lag oder – das wäre noch schöner – an Ihrem Engagement: Der Rücklauf hat uns überrascht und begeistert. Über 1.300 Personen haben sich beteiligt, und Sie finden in diesem Heft eine erste Auswertung der Ergebnisse. Ihre Antworten und Kommentare haben uns mit wertvollen Ideen und *food for thoughts* versorgt. In den kommenden Editorials werde ich immer wieder darauf zurückkommen und erläutern, wie wir Ihre Hinweise und Kritik umsetzen.

Ein wiederholt geäußerter Wunsch ist der nach dialogischen Formaten und mehr interner Debatte. Wir werden das aufgreifen und versuchen, bestehende Formen zu verstärken und neue zu entwickeln. Dabei sind wir aber nicht zuletzt, was die Themen angeht, auf Sie angewiesen: Die SOZIOLOGIE ist in erster Linie das Forum der DGS-Mitglieder. Wir sind für Beitragsangebote stets offen, die eine reflexive Perspektive auf unsere Disziplin entwickeln, sei es in historischer, forschungsthematischer oder praktischer Hinsicht. So stellt beispielsweise Tanja Bogusz in diesem Heft die Frage nach den Auswirkungen der historischen Differenzierung einer soziologischen und anthropologischen Beobachtung von Gesellschaft; ein Autorenkollektiv fragt nach den Erkenntnisverlusten zwischen den weitgehend unbeeindruckt voneinander arbeitenden Teilfeldern Wissenschafts- und Hochschulforschung, im Beitrag von Roman Kiefer, Christoph Panzer und Hannes Weinbrenner wird das Soziologieverständnis Studierender in verschiedenen Phasen ihrer Studiums und an verschiedenen Standorten untersucht, und Jo Reichertz schließlich diskutiert die praktischen Probleme bei der Bewertung kollektiver Interpretationsarbeit. Wir hoffen, mit diesen und weiteren Beiträgen schon im aktuellen Heft zu dem in der

Umfrage artikulierten, selbstbefragenden Blick auf die Soziologie beitragen zu können. Ob daraus und darüber hinaus Debatten entstehen, liegt nicht zuletzt an Ihnen. Wenn ich mir eine Zahl in der Befragung anders wünschen könnte, wäre es die Antwort auf die Frage gewesen, ob Sie selbst schon einmal einen Text in der SOZIOLOGIE veröffentlicht haben. Nur 6% der Antwortenden haben das bereits mehrfach getan, 11% bisher einmal. Ich denke, da ist noch etwas Luft nach oben. Im Beitrag zur Auswertung der Umfrage ab Seite 204 stellen wir daher auch die verschiedenen Beitragskategorien der SOZIOLOGIE noch einmal vor; vielleicht bringt das ja die eine oder den anderen auf Ideen.

Herzlich,
Ihre Sina Farzin

Ende des methodologischen Nationalismus?

Soziologie und Anthropologie im Zeitalter der Globalisierung

Tanja Bogusz

1956 veröffentlichte der US-amerikanische Anthropologe Horace Miner in der renommierten Fachzeitschrift *The American Anthropologist* einen Essay mit dem Titel »Body Ritual among the Nacirema« (Miner 1956). In dem Beitrag ging es um die Körperpraktiken dieses seltsamen Volkes – der Nacirema. Miner zufolge handelte es sich um einen nordamerikanischen Stamm, der das Territorium zwischen dem kanadischen Volk der Cree (*native americans*), den mexikanischen Yaqui und Tarahumare, sowie den antillischen Carib und Arawak besiedelt hatte. Der Mythologie dieses Volkes zufolge wurde ihre Nation durch einen gewissen Notgnihsaw gegründet. Die von Miner beschriebenen Körperrituale der Nacirema rief das Entsetzen von Anthropologen hervor: Weil die Nacirema ihre Körper für hässlich und defizitär hielten, setzten sie ihm den schlimmsten sadomasochistischen Ritualen aus. Männer schnitten sich ins Gesicht, Frauen buken ihre Köpfe in heißen Öfen. Unter den Medizinmännern der Nacirema hatte der »Heilige-Mund-Mann« eine besonders zentrale mythologische Bedeutung: »Die Nacirema«, so wusste Miner zu berichten,

»haben einen fast pathologischen Horror vor dem und zugleich eine Faszination von dem Mund, von dessen Zustand angenommen wird, dass er einen übernatürlichen Einfluss auf alle soziale Beziehungen habe. Gäbe es keine Mund-Rituale, so glauben sie, dass ihre Zähne ausfallen, ihr Zahnfleisch bluten, ihr Kiefer schrumpfen, ihre Freunde sie meiden, ihre Liebsten sie verlassen würden. Sie glauben auch, dass es eine starke Beziehung zwischen oralen und moralischen Eigenschaften gibt. […] Der Heilige-Mund-Mann öffnet ihren Mund und vergrößert noch die Zahnlöcher. Magische Materie wird in die Löcher gefüllt.« Zweck dieser Tortur sei es, »den Zerfall zu stoppen und Freunde zu gewinnen. Der extrem heilige und traditionelle Charakter des Ritus wird durch die Tatsache deutlich, dass dieses Volk trotz des Umstands, dass ihre Zähne trotzdem verfallen, Jahr für Jahr zum Heiligen-Mund-Man zurückkehrt.« (Miner 1956: 504)[1]

Vielleicht haben Sie schon erraten, wer die Nacirema sind? Um zu verstehen, worauf Miner mit seiner ethnografischen Beschreibung hinaus wollte, will ich es nicht bei einer schnellen Auflösung des Rätsels bewenden lassen. Vielmehr will ich der Beziehung zweier Disziplinen auf den Grund gehen, deren inhaltliche Nähe zunächst so offensichtlich scheint, dass ihre tatsächliche institutionelle und fachliche Distanz überrascht. Bereits 1977 hatte Wolf Lepenies ein Plädoyer für eine »soziologische Anthropologie« formuliert, das auf die fehlenden interdisziplinären Wechselbezüge zwischen den Fächern hinwies:

»Der Stand der Theoriebildung in der allgemeinen Anthropologie ist [...] vom Stand der Theoriebildung in den Sozialwissenschaften nicht zu trennen, und der Verzicht auf die Ausarbeitung einer anthropologischen Globaltheorie erklärt sich auch aus deren Fehlen in den Sozialwissenschaften.« (Lepenies 1977: 41)

Lepenies sprach über die deutsche Situation, an der sich bis heute nichts Wesentliches geändert hat. Geändert hat sich allerdings zweierlei: zum einen das allgemeine Bewusstsein um die globale Verflochtenheit sozioökonomischer und kultureller Dynamiken. Dies zeigt sich aktuell an der inhaltlichen Ausrichtung des DGS-Kongresses 2018, der den »Dynamiken globaler und lokaler Entwicklungen« gewidmet ist und die »derzeitigen gesellschaftlichen Veränderungen nicht allein vor Ort, sondern im komplexen Spannungsfeld globaler, regionaler, nationaler und lokaler Dynamiken ausleuchten« will (DGS 2017: 453). Und zum anderen der Tatbestand, dass die von Miner reflektierte Methode der Ethnografie längst kein Alleinstellungsmerkmal der Anthropologie mehr ist, sondern zu den empirischen Standardverfahren auch in der Soziologie gehört. Trotzdem sind nichteuropäische und nicht-nordamerikanische Gesellschaften nach wie vor vergleichsweise abwesend in unserer Theorie- und Methodenentwicklung. Hartnäckig wird an der Annahme festgehalten, dass diese, aller globalen Verflochtenheit zum Trotz, doch sehr anders als die unsrige sein müssten. Doch entspringt unser Lachen über die Mundrituale der Nacirema wohl einer verdeckten Ahnung davon, dass es mit dem Anders-Sein »der nicht-

---

1 Die Passagen wurden von mir aus dem Englischen übersetzt.

Modernen« vielleicht doch nicht so weit her ist. Dass wissenschaftliche Fremdbeschreibungen viel mehr über die AutorInnen aussagen, als über den vermeintlich eindeutigen Untersuchungsgegenstand. Und dass diese Fremdbeschreibungen immer auch etwas mit Ermächtigung zu tun haben. Ulrich Beck nannte das »methodologischen Nationalismus«. Ich komme darauf zu sprechen, doch das Problem greift tiefer. Es handelt sich um ein epistemologisches Problem.

Im Folgenden skizziere ich *erstens* die disziplinäre Verortung von Soziologie und Anthropologie zwischen Natur- und Kulturwissenschaften. Um erklären zu können, was ich im Anschluss an Ulrich Beck unter »methodologischem Nationalismus« verstehe, werde ich *zweitens* auf die Entstehungsgeschichte von Soziologie und Anthropologie in Deutschland eingehen. Dabei spielt insbesondere ihre jeweilige Beziehung zu den Naturwissenschaften eine Rolle, die sie, wie ich meine, von anderen westlichen Fachtraditionen unterscheidet. Im *dritten Teil* thematisiere ich diese Beziehung im Vergleich mit den USA, Frankreich und Großbritannien. Und im *vierten Teil* werfe ich einige Schlaglichter auf neue methodologische Verknüpfungen von Soziologie und Anthropologie im Kontext fortwährender Globalisierungsprozesse. Diese werden besonders sichtbar an dem Prestigezuwachs ethnografischer Erkenntnisgenerierung inner- und außerhalb der Soziologie.

1. Soziologie und Anthropologie zwischen Natur- und Kulturwissenschaften

Die Kritik am methodologischen Nationalismus findet ihren Ausgangspunkt in der Tatsache, dass die unterstellte Unterscheidung zwischen dem globalen Norden und dem globalen Süden immer einher ging mit der Unterscheidung zwischen dem »Wilden« und dem »Zivilisierten«, dem »Ursprünglichen« und dem »Künstlichen«, den »Naturvölkern« und den »Industrienationen« – kurz: mit der Unterscheidung zwischen Natur und Gesellschaft. Horace Miners Beschreibung der Körperrituale der Nacirema Mitte der 1950er Jahre zeigt, dass nicht nur die Soziologie, sondern auch die internationale Anthropologie noch lange an dieser Unterscheidung festhielt.

Die der Natur/Kultur-Trennung und dem kolonialen Erbe innewohnende Annahme einer linearen Entwicklung von Wissenschaft und Gesellschaft hat sich jedoch nicht nur in der globalen Gesellschaftsanalyse, sondern auch in den Naturwissenschaften als unhaltbar erwiesen. Spätestens seit Thomas Kuhns Werk über »Die Struktur wissenschaftlicher Revolutionen« (Kuhn 1973) ist deutlich, dass die Entwicklung der Naturwissenschaften nicht gradlinig-kumulativ, sondern immer nur eingedenk ihrer sozialen, institutionellen und ökonomischen Verflechtungen zu verstehen ist. So wenig, wie es nur eine Moderne gibt, die angeblich aus den sogenannten »primitiven« Gesellschaften hervorging, so wenig kommt die molekulargenetische Analyse des Lebens ohne ihre ökologischen und evolutionären Bezüge aus. Nachdem Werner Heisenberg die Unschärferelation als Grundvoraussetzung aller physikalischen Erkenntnis festgestellt hatte, wissen nicht nur kulturwissenschaftliche Konstruktivisten um die soziotechnische Kontextgebundenheit und damit die Relationalität – wohlgemerkt *nicht Relativität* im Sinne mangelnden Realitätsgehaltes – des Wissens.

Angesichts der global wirksamen Ökologiekrise darf heute als Konsens aller Wissenschaften gelten, dass Natur und Gesellschaft in einem hohen Maße miteinander verflochten sind (Wilson 1988; Rockström et al. 2009; Descola 2011). In der Konsolidierungsphase der modernen Sozial- und Verhaltenswissenschaften wurden sie jedoch voneinander getrennt. Diese disziplinäre und methodologische Trennung war entscheidend auch für das Verhältnis von Soziologie und Anthropologie – insbesondere in Deutschland. »Natur« und die Naturwissenschaften haben in diesen beiden Fächern eine formative Abgrenzungsrolle gespielt. Zugleich aber, so hat die Soziologin und Kulturanthropologin Shalini Randeria herausgearbeitet, folgte die Arbeitsteilung zwischen Soziologie und Anthropologie bzw. Ethnologie der kolonialen Expansionspolitik (Randeria 1999). Sie setzte in allen westlichen Nationen Ende des neunzehnten Jahrhunderts den Rahmen für die methodologische Unterscheidung zwischen *Soziologie* als Wissenschaft der »modernen« und *Anthropologie* als Wissenschaft der »nicht«- oder »vormodernen« Gesellschaften.

Dies führt mich zu meiner ersten These: Neben der politisch-epistemischen Arbeitsteilung wurden die disziplinären Fachkulturen von Soziologie und Anthropologie zugleich in einem starken Maße dadurch geprägt, dass sie sich *zwischen* Natur- und Kulturwissenschaften etablierten. Das Spannungsverhältnis zwischen Natur und Kultur ist länderspezifisch sehr unterschiedlich ausgeprägt. Zugleich lassen sich gegenwärtig Tendenzen beobachten, die im Zuge der vieldiskutierten Veralltäglichung von Globalität gute Gründe für eine Auflösung der Natur-Gesellschafts-Dichotomie liefern. Damit wird, so lautet meine zweite These, die Fortsetzung der kolonialgeschichtlich bedingten Disziplinenteilung fragwürdig. Parallel dazu lässt sich an der soziologischen Praxis der ethnografischen Beobachtung »unserer« Gesellschaften zeigen, dass die Annäherung zwischen Soziologie und Anthropologie auf der methodologischen Ebene längst stattgefunden hat. Was heißt in diesem Zusammenhang also »methodologischer Nationalismus«? Im Folgenden will ich erläutern, wie sich Soziologie und Anthropologie *zwischen* Natur- und Kulturwissenschaften in Europa und den USA etablierten.

2. Die Entstehung zweier Disziplinen zwischen »Natur« und »Kultur«

2010 hat Ulrich Beck zusammen mit Edgar Grande das »Ende des methodologischen Nationalismus« ausgerufen (Beck, Grande 2010). Es handelte sich um einen Appell an die Soziologie, sich angesichts der rasanten Gesellschaftsentwicklung im Zuge der globalen Risikotransformation neu zu verorten. Aus Sicht der Autoren galt nun: »[W]ir Europäer können uns nur dann selbst verstehen, wenn wir uns ›deprovinzialisieren‹, das heißt, soziologisch-methodisch mit den Augen der anderen sehen lernen.« (Beck, Grande 2010: 187) Insbesondere Beck ging davon aus, dass das Fach den aktuellen Dynamiken hinterherhinkte, sich im Tagesgeschäft zwischen Konservierung der Klassiker und einer Modernetheorie verlor, welche die transnationale Verflochtenheit des Sozialen dramatisch unterschätzte. Gegen eine sich noch immer im nationalstaatlichen »Container« befindliche Soziologie führten Beck und Grande empirische Forschungen unter anderem aus Ethnologie und Anthropologie an, die aus ihrer Sicht einen »methodologischen Kosmopolitismus« ankündigten (ebd.: 201). Implizit warben sie damit für eine systematische Verknüpfung von Soziologie und Anthropologie – hier gemeint als Dachbegriff für Ethnologie, Kultur- und Sozialanthropologie. Dieser Appell war in den deutschsprachigen Gesellschaftswissenschaften längst überfällig.

Denn die fachliche Distanz zwischen Soziologie und Anthropologie durchzieht zwar die internationale Akademia, ist jedoch kaum anderswo so stark ausgeprägt wie in Deutschland. Die Soziologie hatte hier Ende des neunzehnten Jahrhunderts besonders große Mühe, ihre wissenschaftliche Autorität unter Beweis zu stellen (Lepenies 1981: XVIII). In vielerlei Hinsicht schien das Feld – vor allem hinsichtlich der Methodenentwicklung – bereits von der schon etablierten Psychologie, aber auch von den Erziehungs- und Geschichtswissenschaften, sowie der Volks- und Völkerkunde bestellt. Letztere hatten sich als Vorläufer von Anthropologie und Ethnologie in der »Berliner Gesellschaft für Ethnologie, Anthropologie und Urgeschichte« etabliert. Diese von dem Mediziner Rudolf Virchow initiierte Gesellschaft organisierte seit 1869 regelmäßige Tagungen mit Medizinern, Psychologen, Anthropologen, Geographen, Historikern und Schriftstellern. An dieser Zusammensetzung wird die frühe interdisziplinäre Verflochtenheit von Anthropologie und Ethnologie mit den Naturwissenschaften deutlich (Beck 2008). Mit Beginn des zwanzigsten Jahrhunderts wurde die Völkerkunde, die aus der 1870 gegründeten »Gesellschaft für Anthropologie« hervorgegangen war, zu jener Disziplin, die sich im Gegensatz zur Soziologie ethnologisch, geo- und ethnografisch mit »allen Erdgebieten unter Einschluss Europas und aller Zeitperioden« befasste, wie es im Gründungsdokument der Gesellschaft für Völkerkunde von 1929 heißt (Herzog 1982).

Im Gegensatz zur Naturwissenschaften affinen Anthropologie lässt sich der Antiszientismus der deutschsprachigen Soziologie auf die Formel »Natur vs. Kultur« bringen, das heißt »Natur« als epistemisches Gegenstück zu »Kultur«. Deutlich wird dies in Ferdinand Tönnies' Eröffnungsrede zum ersten deutschen Soziologentag 1910 in Frankfurt am Main: Gegenstand der Soziologie ist die moderne Industriegesellschaft, ihr geografisch-territorialer Referenzpunkt die »Nation«, bestenfalls noch Westeuropa, ihr zunächst dominanter Untersuchungsmodus die theoretische Kulturanalyse. Sie speist sich aus der Annahme einer linearen Gesellschaftsentwicklung von »primitiven« zu »zivilisierten« Gesellschaften. Soziologie ist Kulturwissenschaft, Anthropologie ist Naturwissenschaft; der Status der Ethnologie scheint noch etwas unklar:

»Unter jedem dieser Gesichtspunkte ist die Einteilung der Menschheit in Rassen und Unterrassen, in natürliche Völkerschaften und Stämme, die Beobachtung der verschiedenen hereditären Anlagen und Neigungen für eine wissenschaftliche Ansicht der Entwicklung der Menschheit und der Völkerschicksale grundlegend. Die Frage nach dem relativen Anteil dieser und der übrigen natürlichen Faktoren […], an der Kausalität einer Kultur, gehört zu den bedeutendsten Aufgaben der soziologischen Analyse, die sich hier auf anthropologische wie auf andere naturwissenschaftliche […] Forschungen stützen muss«,

so Tönnies (1969: 28f.). Die Ethnologie sei ihrerseits die »Lehre von den Völkern der Erde« und

»widmet sich vollends einer soziologischen Aufgabe, wenn sie aufgrund ihrer Kenntnisse von gegenwärtigen unkultivierten Völkerschaften die *Entwicklung der Kultur* davon herzuleiten versucht, unter der Voraussetzung, dass die primitiven und embryonischen Gestalten von Institutionen und Ideen von sogenannten Naturvölkern, noch heute angetroffen werden, auch die Anfangsstadien der Kulturvölker *repräsentieren*« (ebd.: 30, Herv.i.O.).

Was nur aus heutiger Sicht paradox erscheint: »Natur« wird hier umstandslos sowohl mit nicht-europäischen Gesellschaften, den sogenannten »Naturvölkern«, als auch mit den Natur*wissenschaften* assoziiert. »Kultur« bezieht sich hingegen zugleich auf den industrialisierten Westen und die den Naturwissenschaften gegenüberstehenden Kultur- oder auch Geisteswissenschaften.

Diese von den Disziplinengründern beförderte nationale und kulturwissenschaftliche Rahmung der Soziologie mündete immer wieder in einer deutlichen Abneigung gegenüber den Naturwissenschaften. Sie kulminierte Ende der 1950er Jahre noch im berühmten Positivismusstreit zwischen Theodor W. Adorno und Karl Popper (Adorno 1964; Popper 1965). Adornos politisches Misstrauen gegenüber dem Zweck Empirie geleiteter Theoriebildung – man denke nur an seine ideologiekritische Diskreditierung der empirischen Soziologie Durkheims (Adorno 1967) – war hingegen in den USA, wo die *Chicago School of Sociology* ethnografische Stadtbeobachtungen mit statistischen Korrelaten kombinierte und der österreichische Exilant Paul Lazarsfeld die empirische Sozialforschung mitbegründete, undenkbar gewesen.

3. Internationale Konstellationen

In der US-amerikanischen Disziplinengeschichte wurden Kultur *und* Natur in der Schulenbildung insbesondere unter dem Einfluss des Pragmatismus sowohl in der *Chicago School* (Park, Burgess, McKenzie 1984), als auch in der Anthropologie (Boas 1922) als Plädoyer für eine holistische Verbindung von Natur- und Kulturwissenschaften verhandelt. Im britischen Strukturfunktionalismus (Radcliffe-Brown 1952) und im französischen Strukturalismus (Lévi-Strauss 1991) ließ sich wiederum eine funktional-szientistische Natur-Kultur-Relation beobachten, die dem Sozialen naturalistische Grundkonzepte unterstellte (Bogusz 2011). Interessanterweise war gerade dort, wo die Nähe zu naturwissenschaftlichen Denkstilen größer war, auch die

Integration anthropologischer Methodologien selbstverständlicher. So wurde in Frankreich durch Marcel Mauss und Pierre Bourdieu die Ethnografie zur Selbstbeobachtung der eigenen Gesellschaft genutzt, und soziologische und anthropologische Theorien miteinander verbunden. Es ist kein Zufall, dass Bourdieu seine berühmteste Studie »Die feinen Unterschiede« auch »eine Ethnologie Frankreichs« nannte (Bourdieu 1999).

Im Gegensatz aber zu ihren internationalen FachkollegInnen optierten deutschsprachige Soziologinnen und Soziologen angesichts des Verlustes der Deutungshoheit der Philosophie als umfassende Königsdisziplin durch den Siegeszug der Naturwissenschaften für einen holistischen Kulturbegriff. Dieser hatte sich in der deutschen neukantianischen Soziologietradition als das erkenntnistheoretische Gegenstück zu »Natur« etabliert. Der Kulturbegriff sollte jenen Soziologismus stärken, in dem Naturbeziehungen als Spezifika weit umfassenderer Kulturverhältnisse gedacht – oder auch ignoriert werden konnten. Der Soziologe Reiner Grundmann leitet daraus die These ab, dass »das Hinausdrängen der natürlichen Umwelt [...] Voraussetzung für den *take-off* der Soziologie als akademischer Disziplin« gewesen sei (Grundmann 1997: 533). Entsprechend deutlich war die Unterschätzung ethnografisch-korrelativer zugunsten von hermeneutischen Erkenntnisverfahren in der Folge Diltheys, Rickerts und Max Webers, die der deutschsprachigen Soziologie den Stempel der Kulturwissenschaft aufprägten, den sie bis heute trägt.

Neben der US-amerikanischen Soziologie fand die Differenzierung von Natur- und Kulturwissenschaft auch in der dortigen Anthropologie ein ganz anderes Echo. Die von dem deutschen Ethnologen, Physiker und Geografen Franz Boas entwickelte US-amerikanische *cultural anthropology* griff den hermeneutischen Kulturbegriff Diltheys zunächst auf. Allerdings ging sie trotz eines teils überzogenen Kulturalismus den Hinauswurf der Natur nicht mit. Mit dem von Boas, Ruth Benedict und anderen entwickelte *four field approach* integrierte die US-amerikanische Anthropologie systematisch Sozial-, Kultur-, und Lebenswissenschaften: So wurden und werden AnthropologInnen in den USA auch in Grundlagen der Linguistik, Archäologie, sowie der physischen und biologischen Anthropologie ausgebildet (Harris 1989). Interdisziplinäre Kooperationen mit Natur- und LebenswissenschaftlerInnen flossen entsprechend selbstverständlich – wenn auch alles andere als reibungslos – in das fachliche Selbstverständnis ein. Allerdings konnte der *four field approach* hierzulande schon aufgrund der rassistischen Verwerfungen des nationalsozialistisch geprägten Soziobiologismus nach dem Zweiten Weltkrieg nicht greifen.

Länderübergreifend durchlief der anthropologische Kulturbegriff im Laufe des 20. Jahrhunderts vielfältige Wandlungsprozesse – von einem holistischen hin zu einem partikularisierten Kulturbegriff, der die Eigenheit und Spezifika lokaler Gesellschaften gegen Ethnozentrismus und westlich dominierten Universalien in Stellung brachte. Der Preis der Partikularisierung war im deutschsprachigen Kontext allerdings die eingangs von Lepenies beklagte soziologische Marginalisierung der gesellschaftspolitischen und theoretischen Relevanz der Anthropologie.

Demgegenüber beanspruchten in Frankreich und im anglo-amerikanischen Raum beide Disziplinen von Beginn an, den Naturwissenschaften vergleichbare Wissenschaften von der Gesellschaft zu entwerfen. Statt Neukantianismus und Hermeneutik boten in Frankreich der Strukturalismus, in den USA der Pragmatismus und in Großbritannien die Philosophie der Empiristen theoretische und methodische Orientierungen. Bei allen Unterschieden, auf die hier nicht näher eingegangen werden kann, lässt sich die Ausdifferenzierung zwischen Soziologie und Anthropologie dort weniger als Abgrenzungsbewegung von den Naturwissenschaften, denn als streitbare und produktive Wechselbeziehung verstehen, in der starke Programme in der einen Disziplin den Diskurs und das Geschick der anderen mitbestimmten. Diese Ausrichtung ist – in unterschiedlicher Ausprägung – auf beiden Seiten des Ärmelkanals anzutreffen. Es ging um die Entwicklung und Verteidigung von Methodologien, die einen expliziten Anspruch auf eine empirisch verifizierbare Wissenschaftlichkeit erhoben, indem ethnografische Beobachtung, quantitative Erhebung und theoretische Modellierung experimentell miteinander kombiniert wurden (Bogusz 2018). Dies scheint mir besonders wichtig, wenn wir heute über die Folgen der Globalisierung für die Sozial- und Verhaltenswissenschaften nachdenken.

4. Globalisierung: Methodologische Innovationen

Ulrich Beck und Edgar Grande entfalteten ihre Kritik am methodologischen Nationalismus anhand einer bestimmten Globalisierungsthese. Das Neue am Zeitalter der Globalisierung sei nicht die weltweite Verwobenheit der Gesellschaften. Auf diese hatten schon Marx und Engels hingewiesen, als sie sich 1846 über den deutschen Provinzialismus in ihrer Brandschrift »Die deutsche Ideologie« lustig machten (Marx, Engels 1979). Neu an der Globalisierung sei vielmehr, dass die Ökologie- und Technikkatastrophen als »Nebenfolgen« einer erfolgreichen ersten Moderne ein globales Ausmaß genommen haben. Sie sind transnational spürbar und müssen jenseits nationalstaatlicher Grenzen bearbeitet werden. Die so verstandene »Weltrisikogesellschaft«, so der Begriff Becks, könne es sich daher schlicht nicht mehr leisten, überkommene und dysfunktionale Institutionen weiterhin mit Konvergenzerwartungen zu überziehen. Stattdessen sollte ein methodologischer Kosmopolitismus an den Platz tradierter Gesellschaftskonzepte rücken, der die Vielheit, Verflochtenheit und neuen sozialen Disparitäten von und in Gesellschaften in den Blick nimmt.

Becks Globalisierungsthese ist ebenso umstritten (Werron 2012), wie die auch von mir hier betonten nationalstaatlich bedingten epistemischen Homogenitäten, die sicherlich eine Zuspitzung darstellen. Doch ich möchte hier einen anderen Punkt machen: Auch wenn ich mit Becks Ansatz sympathisiere, so blieb doch auch er im Modus der Kulturwissenschaft. Er übersah, dass die Kritik am methodologischen Nationalismus weitaus konsequenter begründet werden kann, wenn das so verstandene Zeitalter der Globalisierung zum Anlass genommen wird, die Natur/Kultur-Dichotomie sowohl *innerhalb* von Soziologie und Anthropologie *als auch* im Dialog mit den Naturwissenschaften aufzulösen.

Die Ethnografie, die Kernmethode anthropologischer Studien im globalen Süden, hat hier eine Schlüsselfunktion. Denn ähnlich wie in Soziologie und Anthropologie finden gerade ausgehend von der von Beck betonten anthropogen bedingten Ökologiekrise auch in den Naturwissenschaften *methodologische* Umbruchprozesse statt, die global verhandelt werden und die zugleich eine integrative Stoßrichtung verfolgen. Mit der digitalen und genetischen Revolution entstanden seit den 1990er Jahren neue sogenannte »Grenzobjekte« (Star, Griesemer 1989) zwischen Natur- und Gesellschaftswissenschaften. Diese Grenzobjekte beförderten eine erhöhte Sensibilität für den Beitrag nichtmenschlicher Träger zur Herstellung von

Sozialitäten – für die Anthropologie ein alter Hut, denken wir nur an Horace Miners minutiöse Beschreibungen der Artefakte, die für die Nacirema-Mythologie so wichtig waren. Auf Seiten der Soziologie führte dies zu einer Rückbesinnung auf »Natur« (Lemke 2013). Ich denke, dass es kein Zufall war, dass dieser Prozess insbesondere durch die anglo-amerikanischen und die französischen Sozialwissenschaften befördert wurde.

Der integrative Denkstil wird seit geraumer Zeit mit der Institutionalisierung der *Science & Technology Studies* (STS) an französischen und anglo-amerikanischen, inzwischen auch einigen deutschsprachigen Universitäten praktiziert. Die STS begannen in den 1970er Jahren damit, Naturwissenschaft als eine kulturelle Praxis der Basis ethnografischer Fallstudien zu untersuchen (Beck, Niewöhner, Sørensen 2012). Die forschungspragmatische Integration von Natur erfolgte im ethnografischen Studium ihrer Verwissenschaftlichung, die als »epistemische Kultur« konzeptualisiert wurde (Knorr-Cetina 2002). Umgekehrt lässt sich die zunehmende Bedeutung der Ethnografie derzeit in der Global Change-Forschung (Beck et al. 2014), in der Klima- und Landnutzungsforschung (Niewöhner 2013) oder in der Allgemeinmedizin beobachten – zum Beispiel in der translationalen Gesundheitsforschung, wo die Auswirkung von Stress in der Stadt auf das menschliche Immunsystem im globalen Städtevergleich (Blümel et al. 2015) oder der Erfolg von Telemedizin mit Hilfe von ethnografischen Studien untersucht wird (Mathar 2010). Auch wenn eine der von Virchow begründeten Berliner Gesellschaft vergleichbare interdisziplinäre Versammlung wohl noch in weiter Ferne ist, so expandieren zahlreiche sozialökologische Forschungsinstitutionen, die die Verknüpfung von Natur- und Gesellschaftswissenschaften täglich und im globalen Maßstab praktizieren. Damit komme ich zu meinem Fazit.

Fazit

Falls Sie während der Lektüre weiterhin darüber grübelten, was es denn mit diesem exotischen Volk auf sich habe, das regelmäßig zum »Heiligen-Mund-Mann« rennt, seine Köpfe in Backöfen bäckt und sich mit scharfen Klingen in die Gesichtshaut schneidet, lesen Sie NACIREMA einfach einmal rückwärts.

Was Horace Miner 1956 mit den Amerikanern machte, war *methodologisch* nichts anderes als Bourdieus »Ethnografie Frankreichs«, nichts anderes auch als die soziologische Beobachtung von NaturwissenschaftlerInnen im Labor. Das Zeitalter der Globalisierung mag in vielerlei Hinsicht eine Fortsetzung kontingenter nationalstaatlicher Entwicklungen unter anderen Vorzeichen sein; zweifellos aber hat es Mittel und Wege zu einer globalisierten gesellschaftlichen Selbstbeobachtung jenseits der Natur/ Kultur-Dichotomie befördert. Mit der Erweiterung des sozial- und verhaltenswissenschaftlichen Forschungsspektrums auf Natur, Wissenschaft und Technik erfährt das schwierige Verhältnis zwischen Soziologie und Anthropologie eine längst überfällige Dynamisierung. Soziologie und Anthropologie finden in diesen Forschungsansätzen zugleich hervorragende Anknüpfungspunkte jenseits des methodologischen Nationalismus, um sich als veritable Brückendisziplinen zwischen Natur- und Kulturwissenschaften zu profilieren. Davon, so ist zu hoffen, kann auf lange Sicht auch das exotische Volk der Nacirema – und nicht nur dieses – profitieren.

Literatur

Adorno, T.W. 1964 [1957]: Soziologie und empirische Forschung. In E. Topitsch (Hg.), Logik der Sozialwissenschaften. Köln, Berlin: Kiepenheuer & Witsch, 511–525.

Adorno, T.W. 1967: Einleitung. In É. Durkheim. Soziologie und Philosophie. Frankfurt am Main: Suhrkamp, 7–44.

Beck, S. 2008: Natur | Kultur. Überlegungen zu einer relationalen Anthropologie. Zeitschrift für Volkskunde, 104. Jg., Heft 2, 161–199.

Beck S., Borie M., Esguerra A., Chilvers J., Heubach K., Hulme M., Lidskog R., Lövbrand E., Marquard E., Miller C., Nadim T., Nesshöver C., Settele J., Turnhout E., Vasileiadou E., Görg C. 2014: Towards a Reflexive Turn in the Governance of Global Environmental Expertise. GAIA, 23. Jg., Heft 2, 80–87.

Beck, S., Niewöhner, J., Sørensen, E. 2012: Science and Technology Studies. Eine sozialanthropologische Einführung. Bielefeld: Transcript.

Beck, U., Grande E. 2010: Jenseits des methodologischen Nationalismus. Außereuropäische und europäische Varianten der Zweiten Moderne. Soziale Welt, 61. Jg., Heft 3/4, 187–216.

Blümel, C., Gauch, S., Hendriks, B., Krüger, A., Reinhart, M. 2015: In Search of Translational Research: Report on the Development and Current Understanding of a New Terminology in Medical Research and Practice. iFQ-BIH-Report January 2015. Berlin, Institute for Research Information and Quality Assurance. www.bihealth.org/de/aktuelles/mediathek/publikationen/, letzter Aufruf 17. Januar 2018.

Boas, F. 1922 [1911]: The Mind of Primitive Man. New York: Macmillan.
Bogusz, T. 2011: Nicht Naturalismus – nicht Konstruktivismus. Wissenschaftstheoretische »turns« als Paradigmenjäger. In T. Bogusz, E. Sørensen (Hg.), Naturalismus | Konstruktivismus. Zur Produktivität einer Dichotomie. Berliner Blätter. Ethnographische und Ethnologische Beiträge, Sonderheft 55, 93–111.
Bogusz, T. 2018: Experimentalismus und Soziologie. Von der Krisen- zur Erfahrungswissenschaft. Frankfurt am Main, New York: Campus (i.E.).
Bourdieu, P. 1999 [1979]: Die feinen Unterschiede. Eine Kritik der gesellschaftlichen Urteilskraft. Frankfurt am Main: Suhrkamp.
Descola, P. 2011 [2005]: Jenseits von Natur und Kultur. Berlin: Suhrkamp.
DGS 2017: Komplexe Dynamiken globaler und lokaler Entwicklungen. Themenskizze zum 39. Kongress der DGS vom 24. bis 28. September 2018 in Göttingen. Soziologie, 46. Jg., Heft 4, 453–455.
Grundmann, R. 1997: Die soziologische Tradition und die natürliche Umwelt. In S. Hradil (Hg.), Differenz und Integration: die Zukunft moderner Gesellschaften. Verhandlungen des 28. Kongresses der Deutschen Gesellschaft für Soziologie in Dresden 1996. Frankfurt am Main, New York: Campus, 533–550.
Harris, M. 1989: Kulturanthropologie. Eine Einführung. Frankfurt am Main, New York: Campus.
Herzog, R. 1982: Die ersten zwanzig Jahre der Deutschen Gesellschaft für Völkerkunde. www.dgv-net.de/dgv/geschichte/, letzter Aufruf 17. Januar 2018.
Knorr-Cetina, K. 2002: Wissenskulturen. Ein Vergleich naturwissenschaftlicher Wissensformen. Frankfurt am Main: Suhrkamp.
Kuhn, T.S. 1973: Die Struktur wissenschaftlicher Revolutionen. Frankfurt am Main: Suhrkamp.
Lemke, T. 2013: Die Natur in der Soziologie. Gesellschaftliche Voraussetzungen und Folgen biotechnologischen Wissens. Frankfurt am Main, New York: Campus.
Lepenies, W. 1977: Soziologische Anthropologie. München: Ullstein.
Lepenies, W. 1981: Einleitung. Studien zur kognitiven, sozialen und historischen Identität der Soziologie. In W. Lepenies (Hg.), Geschichte der Soziologie. Beiträge zur kognitiven, sozialen und historischen Identität einer Disziplin (Bd. 1). Frankfurt am Main: Suhrkamp, I–XXXV.
Lévi-Strauss, C. 1991: Strukturale Anthropologie I & II, Frankfurt am Main: Suhrkamp.
Marx, K., Engels F. 1979 [1846]: Die deutsche Ideologie. In K. Marx, F. Engels, Ausgewählte Werke in sechs Bänden. Band 1. Berlin: Dietz, 203–257.
Mathar, T. 2010: Der digitale Patient. Zu den Konsequenzen eines technowissenschaftlichen Gesundheitssystems. Bielefeld: Transcript.
Miner, H. 1956: Body Rituals among the Nacirema. American Anthropologist, New Series. 58. Jg., Heft 3, 503–507.
Niewöhner, J. 2013: Natur und Kultur im Anthropozän – eine sozialanthropologische Perspektive auf gesellschaftliche Transformation. Humboldt Universitäts-Gesellschaft (Hg.), Transformation von Mensch-Umwelt-Systemen. Forschung zu Klimafolgen und Landnutzungswandel, Jahresgabe 2012/13. Berlin: HUG, 43–49.

Park, R.E., Burgess, E., McKenzie, R. 1984 [1925]: The City. Chicago: Chicago University Press.
Popper, K. 1965: Das Elend des Historizismus. Tübingen: Mohr.
Radcliffe-Brown, A.R. 1952 [1935]: Structure and Function in Primitive Society. London: Cohen & West.
Randeria, S. 1999: Jenseits von Soziologie und soziokultureller Anthropologie. Zur Ortsbestimmung der nichtwestlichen Welt in einer zukünftigen Sozialtheorie. Soziale Welt, 50. Jg., Heft 4, 373–382.
Rockström, J. et. al. 2009: Planetary Boundaries. Exploring the Safe Operating Space for Humanity. Ecology and Society, 14. Jg., Heft 2: 32. www.ecologyandsociety.org/vol14/iss2/art32/, letzter Aufruf 17. Januar 2018.
Star, S.L., Griesemer J. 1989: Institutional Ecology, ›Translations‹ and Boundary Objects: Amateurs and Professionals in Berkeley's Museum of Vertebrate Zoology, 1907–39. Social Studies of Science, 19. Jg., Heft 3, 387–420.
Tönnies, F. 1969 [1910]: Wege und Ziele der Soziologie. In Deutsche Gesellschaft für Soziologie (Hg.), Verhandlungen des 1. Deutschen Soziologentages vom 19. bis 22. Oktober 1910 in Frankfurt am Main. Frankfurt am Main: Sauer und Auvermann, 17–38. nbn-resolving.de/urn:nbn:de:0168-ssoar-352027, letzter Aufruf 17. Januar 2018.
Werron, T. 2012: Schlüsselprobleme der Globalisierungs- und Weltgesellschaftstheorie. Soziologische Revue, 35. Jg., Heft 2, 99–118.
Wilson, E.O. 1988: Biodiversity. Washington: The National Academy Press.

Das Versprechen der Soziologie

Eine explorative Studie zum
Soziologieverständnis von Studierenden

Roman Kiefer, Christoph Panzer, Hannes Weinbrenner

Einleitung

Die vor einiger Zeit in der deutschsprachigen Soziologie wieder aufgegriffene Debatte um das Verhältnis von Soziologie und Nationalsozialismus (vgl. exemplarisch Christ 2011) verweist auf die tieferliegende Frage nach der Identität der Soziologie als Disziplin, die sich auch im Streit um die Werturteilsfreiheit, im Positivismusstreit, der Theorie-Praxis-Debatte (vgl. Kray 2015; Habermas, Luhmann 1985) und in der Debatte um das Verhältnis von Soziologie und Kritik in den letzten Jahrzehnten immer wieder Bahn gebrochen hat. Zentral wurde und wird in diesen Debatten immer wieder die Frage diskutiert, ob Soziologie eine Wissenschaft mit politisch-kritischem Anspruch sein soll und muss, oder ob sie selbst nicht direkt in politische Debatten eingreifen, sondern eher deren Akteure, Diskurse und Praktiken beschreiben und einordnen soll (vgl. exemplarisch Vobruba 2013, für einen aktuellen Überblick Vobruba 2017). Diese Debatte wird überwiegend von etablierten Lehrstuhlinhaber*innen geführt (vgl. beispielsweise Boltanski, Honneth 2008). Die Ansichten, Wünsche und Argumente der Soziologiestudierenden – letztlich ihre Motivationen, Soziologie zu studieren – spielen in den genannten Debatten nur eine Nebenrolle.

Insbesondere bei der Frage danach, ob der Soziologie eine besondere Rolle in der Kritik gesellschaftlicher Verhältnisse im Dienste einer emanzipatorischen Bewegung zukommt, werden die Ansichten der Studierenden gerne ausgespart. Dabei hat Theodor W. Adorno bereits 1968 in seiner Vorlesung zur Einleitung in die Soziologie auf die Relevanz von Emanzipationshoffnungen für die Studienmotivation hingewiesen: »Wenn man soviel von dem Begriff der Entfremdung redet [...], dann würde ich sagen, spielt die Soziologie wirklich so ein bißchen die Rolle eines geistigen Mediums, durch das man mit der Entfremdung fertig zu werden hofft.« (Adorno 2003: 12) Vergleichbare Formulierungen finden sich beispielsweise auch bei Pierre Bourdieu (vgl. exemplarisch Bourdieu, Raulff 1989: 36).

Auch heute spielt dieses »Versprechen der Soziologie« in der Außendarstellung der Disziplin eine große Rolle, wenn etwa die ehemalige DGS-Vorsitzende Jutta Allmendinger in einem Videobeitrag der FAZ mit dem Titel »Drei Gründe, Soziologie zu studieren« Soziologie als »eine Wissenschaft zum Wohle der Menschen« beschreibt. Allmendinger weiter: »Sie ist also auch handlungsorientiert. Man kann anpacken, man kann Dinge verändern.« (Allmendinger 2015) Die deutlichen Unterschiede in den einzelnen Positionen können nicht darüber hinwegtäuschen, dass jeweils das Studium der Soziologie mit einem gewissen Versprechen der Ermächtigung aufgeladen wird, das über das Anfertigen von Statistiken, Einzelfallanalysen oder die Befähigung zur Darstellung gesellschaftstheoretischer Überlegungen hinausgeht – auch wenn kaum eine Einleitung oder Einladung in die Soziologie ohne die vorangestellte Korrektur der vermeintlichen Vorstellungen auskommt, die über das Fach herrschen (vgl. exemplarisch Berger 1969). Die Differenz zwischen etablierten Vertreter*innen des Fachs und Studierenden geht dabei nicht auf in soziologisch mangelhaft ausgebildeten Abiturient*innen (vgl. Ritter 2018) einerseits und bloß den Charakter der Soziologie vermittelnden Hochschullehrer*innen andererseits. Studierende definieren das Fach über ihre eigenen Verständnisse der Disziplin mit, sie sind keine reinen Objekte der Lehre, die die geführten Debatten nur verinnerlichen.

Es stellt sich also die Frage, in welchem Verhältnis Emanzipationshoffnung, Disziplinverständnis und Studienmotivation bei Studierenden der Soziologie und der Sozialwissenschaften stehen. Wir haben den Versuch unternommen, diese Frage vor dem Hintergrund der angesprochenen Debatten anzugehen und haben dazu Studierende der Soziologie und der Sozialwissenschaft an deutschen Universitäten befragt. Im Folgenden legen wir unser Vorgehen, unsere Ergebnisse und die unserer Ansicht nach erforderlichen weiteren Forschungsschritte dar.

Ausgehend von den dargestellten Überlegungen war die übergeordnete, abstraktere Fragestellung unserer Arbeit: Wer studiert wo warum Soziologie? Konkreter war das leitende Forschungsinteresse die Frage danach, welche Bedeutung emanzipatorische Motive als »Versprechen« der Soziologie für das Disziplinverständnis, die Studienmotivation und das Selbstverständnis als Soziolog*innen für Studierende des Faches haben. Darüber hinaus ist die Rolle dieser Motive in der Reproduktion dessen von Bedeutung, was sich Soziologie nennt. Operationalisiert lässt sich dieses Forschungsinteresse in vier leitenden Hypothesen zusammenfassen:

– Studierende der Soziologie und Sozialwissenschaften haben mehrheitlich eine politische Studienmotivation, ein politisches Verständnis der eigenen Disziplin und ein Selbstbild als Soziolog*innen, das von politischen Motiven geprägt ist.
– Die Dimensionen Studienmotivation, Disziplinverständnis und Selbstverständnis ergeben ein konsistentes Bild.
– Studierende mit hoher politischer Studienmotivation, politischem Disziplinverständnis und politischem Selbstverständnis unterscheiden sich in zentralen demographischen Merkmalen von anderen Studierenden. Konkret erwarteten wir einen Einfluss der Merkmale Geschlecht, Einkommen und Bildungshintergrund.
– Des Weiteren erwarteten wir, dass der Studienstandort und die Position im Studienverlauf (Studienanfänger*innen, Bachelorstudierende der höheren Semester, Masterstudierende) einen Einfluss auf Studienmotivation, Disziplinverständnis und Selbstverständnis haben.

Unserem nicht repräsentativen Sampling und explorativen Ansatz entsprechend (vgl. Abschnitt »Sampling und Erhebung«) werden wir diese Hypothesen im Folgenden nicht systematisch prüfen können. Dennoch ergeben sich für die zugrundeliegenden Fragestellungen hochgradig relevante Einsichten. Wir werden zunächst kurz unser methodisches Vorgehen sowie die Zusammensetzung des Samples referieren, um im Anschluss daran unsere Ergebnisse entlang der benannten Dimensionen Studienmotivation, Disziplinverständnis und Selbstverständnis als Soziolog*in darzustellen. Diese Ergebnisse werden anschließend vor dem Hintergrund unserer leitenden Hypothesen diskutiert. Abschließend werden wir die Implikationen unserer Ergebnisse für die laufenden fachinternen Diskussionen sowie für weitere Forschung besprechen.

Sampling und Erhebung

Die Erhebung »Freiburger Untersuchung zu Studierenden der Soziologie« (FUSS) umfasst insgesamt 1.068 Studierende, die Soziologie oder Sozialwissenschaften im Haupt- oder Nebenfach studieren. Die Erhebung lief vom 17. Oktober 2016 bis zum 17. Januar 2017. Unser Fragebogen stand auf der Online-Plattform SosciSurvey zur Verfügung. Um Teilnehmer*innen zu rekrutieren, wurden E-Mails an die Institute für Soziologie und Sozialwissenschaften an deutschen Hochschulen verschickt. Außerdem wurde der Aufruf, an unserer Studie teilzunehmen, in über 50 Facebook-Gruppen von Soziologiestudierenden an unterschiedlichen Hochschulen geteilt. Es beteiligten sich Studierende von 46 der insgesamt 61 deutschen Hochschulen und Universitäten, an denen die Fächer Soziologie bzw. Sozialwissenschaften studiert werden können. Die Teilnahme variierte jedoch stark nach Standorten. Am stärksten vertreten sind die Universitäten Bielefeld (n=226) und Freiburg (n=134).

Die Erhebung soll kein repräsentatives Bild der Grundgesamtheit aller Studierenden der Soziologie bzw. Sozialwissenschaften in Deutschland vermitteln. Im Rahmen unserer Möglichkeiten haben wir vielmehr versucht, uns ein breites Bild der Meinungen von Soziologiestudierenden über ihre Disziplin zu verschaffen. Die Studie ist entsprechend als explorative Annäherung an die Frage des Verständnisses der Disziplin Soziologie unter den Studierenden des Faches zu verstehen.

Demographische Daten

Die Hälfte der von uns befragten Studierenden ist 22 Jahre alt oder jünger (M=22,00). Das arithmetische Mittel liegt bei 23,2 Jahren. Bei der Abfrage des Geschlechts gaben 68% der Befragten »weiblich«, 28% »männlich«, 3% »keine Angabe« und 1% »anderes« an.

Knapp drei Viertel (74%) der Befragten studieren Soziologie im Hauptfach, dazu kommen noch 11% Studierende, die Sozialwissenschaften im Hauptfach studieren. Die restlichen 15% der Befragten verteilen sich auf einige weitere Hauptfächer (zum Beispiel Bildungswissenschaften, Politikwissenschaften, Anglistik) und studieren Soziologie bzw. Sozialwissenschaften im Nebenfach.

Ca. 2% der Teilnehmer*innen haben vor ihrem Studium nicht in Deutschland gewohnt, die restlichen Befragten verteilen sich auf alle 16 deutschen Bundesländer. Betrachtet man den Bildungshintergrund der Studierenden in unserem Sample, zeigt sich, dass entgegen dem Klischee, Soziologie sei ein Fach der Akademiker*innen und Eliten, nur etwas mehr als die Hälfte der Teilnehmer*innen aus einem Haushalt kommt, in dem mindestens ein Elternteil über einen Hochschulabschluss[1] verfügt (54%): Bei 30% der Befragten hat entweder der Vater oder die Mutter einen Hochschulabschluss, bei weiteren 24% sind beide Eltern Akademiker*innen. Bei den restlichen 46% hat kein Elternteil einen Hochschulabschluss.

Ergebnisse

Studienmotivation

Die Studienmotivation wurde im Fragebogen in einem Block anhand von 16 Items abgefragt. Zu den einzelnen Aussagen war eine Positionierung in einem sechsstufigen Kategoriensystem von »trifft voll zu« (1) bis »trifft überhaupt nicht zu« (6) möglich. Aus Tabelle 1 geht die dichotomisierte Zustimmung zu den einzelnen Items hervor.

---

[1] Unter Hochschulabschluss verstehen wir den Abschluss eines Studiums an einer Universität oder einer Hochschule.

Tabelle 1: Zustimmung zu Aussagen zur Studienmotivation

Ich will Gesellschaftstheorien kennen lernen	93%
Ich will mich abstrakt mit sozialen Problemen beschäftigen	89%
Ich studiere Soziologie, um die Welt zu verstehen und zu verändern	84%
Ich möchte etwas Positives zur Gesellschaft beitragen	84%
Ich studiere Soziologie, um eine Orientierung in der komplexen Welt zu erhalten	77%
Ich möchte Methoden der empirischen Sozialforschung erlernen	75%
Das Studium der Soziologie bietet mir eine Vielfalt an beruflichen Möglichkeiten	72%
Ich möchte in Studium und Beruf mit Menschen zu tun haben	68%
Ich wünsche mir ein komplexes Studium	68%
Ich möchte auf Gleichgesinnte treffen	57%
Ich wünsche mir ein entspanntes Studium	46%
Ich habe einen konkreten Berufswunsch vor Augen	34%
Ich möchte etwas anderes machen als meine Familie und Freunde	30%
Mir ist nichts Besseres eingefallen	18%
Ich studiere Soziologie, um mein Hauptfach zu ergänzen	14%
Ich möchte etwas anderes studieren und überbrücke die Wartezeit	4%

Quelle: FUSS 2016/17, n=1064

Analytisch lassen sich aus einigen der 16 Items zur Studienmotivation vier idealtypische Gruppen herausarbeiten: Die Antwortmöglichkeiten bewegen sich zwischen einer reinen Verlegenheitswahl,[2] einer durch explizite und konkrete Berufswünsche bedingten Entscheidung,[3] einer starken Orientierung an wissenschaftlichem Arbeiten[4] und einer durch starke politisch-

---

[2] Gebildet durch die Items »Ich möchte etwas Anderes studieren und überbrücke die Wartezeit« und »Mir ist nichts Besseres eingefallen«.

[3] Gebildet durch die Items »Das Studium der Soziologie bietet mir eine Vielzahl an beruflichen Möglichkeiten« und »Ich habe einen konkreten Berufswunsch vor Augen«.

[4] Gebildet durch die Items »Ich will mich abstrakt mit sozialen Problemen beschäftigen«, »Ich möchte Methoden der empirischen Sozialforschung erlernen«, »Ich will Gesellschaftstheorien kennen lernen«.

emanzipatorische Hoffnungen geprägten Studienmotivation.[5] Selbstverständlich können Studierende dabei in mehreren Gruppen vertreten sein, die Studienmotivation kann sich also aus vielfältigen Aspekten zusammensetzen. Aus Abbildung 1 geht die Zustimmung und Ablehnung zu den idealtypisch gruppierten Antworten hervor.

Abbildung 1: Typen der Studienmotivation im Vergleich

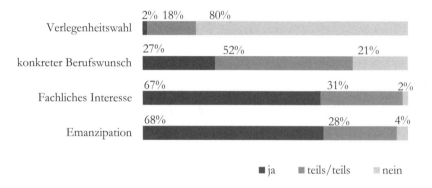

Quelle: FUSS 2016/17, n=1065

Während lediglich 2% der Befragten den Items des ersten Idealtyps vollständig zustimmen, verbindet über ein Viertel der Studienteilnehmer*innen die beruflichen Wünsche des zweiten Idealtyps mit ihrem Studium. 67% der Befragten studieren Soziologie aus stark wissenschaftlicher Motivation und 68% entsprechen dem durch politisch-emanzipatorische Hoffnungen geprägten Idealtypen. Interessant ist hier insbesondere die Überlappung der beiden letzten Gruppen. Von den Studierenden, die entweder eine hohe wissenschaftlich-fachliche Orientierung oder emanzipatorische Hoffnungen aufweisen, stimmen jeweils knapp 75% auch dem anderen Typus vollständig zu. Anders herum lehnen von den Befragten mit hoher wissenschaftlich-fachlichen Orientierung gerade einmal 2% alle Items zu einer emanzipatorischen Studienmotivation ab. Diese starke Überschneidung ist ein Indikator dafür, dass Studierende, die mit Emanzipationshoffnungen Soziologie studieren, auch ein hohes inhaltliches Interesse am Fach haben

---

5 Gebildet durch die Items »Ich studiere Soziologie um die Welt zu verstehen und zu verändern«, »Ich möchte etwas Positives zur Gesellschaft beitragen« und »Ich studiere Soziologie, um eine Orientierung in der komplexen Welt zu erhalten«.

– und umgekehrt. Ein hohes inhaltliches Interesse am Fach und politische Emanzipationshoffnungen scheinen kaum voneinander zu trennen zu sein. Ob dabei dem Studium vorausgehende politische Positionen der treibende Faktor für das starke fachliche Interesse sind oder anders herum die Auseinandersetzung mit den Inhalten des Studiums zu stärkeren politischen Positionierungen führt, ist dabei nicht abschließend zu klären.

Verständnis der eigenen Disziplin

Wie bereits in den einleitenden Bemerkungen festgehalten wurde, wird das öffentliche Bild davon, was Soziologie ist und was es bedeutet, Soziologie zu betreiben, hauptsächlich von Äußerungen im Feld etablierter Wissenschaftler*innen dominiert. Dieses Bild ist dabei keineswegs einheitlich und seit jeher von Kontroversen geprägt. Ausgehend von dieser Feststellung haben wir das Soziologieverständnis zunächst über die Zustimmung zu sechs grundsätzlichen Aussagen über die Disziplin erhoben.

Unsere Erwartung war, anknüpfend an akademische Debatten über das Selbstverständnis der Soziologie, ein sinkender Zustimmungsgrad entlang der sechs Aussagen, die aufsteigend eine immer größere Nähe zu gesellschaftlichen und politischen Prozessen implizieren (vgl. Tabelle 2). Tatsächlich ist dieser Annahme entsprechend ein gewisser Konsens unter den Befragten zu beobachten, der die Aussagen »Soziologie betreiben bedeutet Gesellschaft beobachten«, »Gesellschaft beschreiben«, »Gesellschaft verstehen« und »Gesellschaft erklären« umfasst. Dichotomisiert man die in sechs Abstufungen von »stimme voll zu« (1) bis »lehne voll ab« (6) vorliegenden Zustimmungsraten, so ergibt sich für jede dieser vier Aussagen eine Zustimmungsquote von 90% und mehr, während die Aussagen »Soziologie betreiben bedeutet zu einem gesellschaftlichen Fortschritt beitragen« und »Gesellschaft verändern« deutlich weniger Zustimmung erfahren (Tabelle 2).

Es zeigt sich, dass knapp ein Drittel der Befragten (30%) beide Items, die Soziologie mit Emanzipation und politischer Intervention verknüpfen, ablehnen. 40% stimmen beiden Varianten zu und ein weiteres Viertel sieht in der Soziologie zwar einen Beitrag zum gesellschaftlichen Fortschritt, nicht jedoch eine direkte und aktive gesellschaftliche Veränderung, die aus der Soziologie heraus entsteht (Tabelle 3). Soziologie könnte man hier als eine Art »Hilfswissenschaft« begreifen, die Wissen zur Verfügung stellt, das entsprechend von Politik und Gesellschaft genutzt werden kann.

Tabelle 2: Zustimmung zu Aussagen über das Disziplinverständnis

Soziologie betreiben bedeutet ...

... Gesellschaft beobachten	98%
... Gesellschaft beschreiben	97%
... Gesellschaft verstehen	93%
... Gesellschaft erklären	90%
... zu einem gesellschaftlichen Fortschritt beitragen	65%
... Gesellschaft verändern	45%

Quelle: FUSS 2016/17, n=1064

Tabelle 3: Kombinierte Zustimmung zu Aussagen über das Disziplinverständnis

Soziologie betreiben bedeutet ...

... Gesellschaft verändern UND zu einem gesellschaftlichen Fortschritt beitragen	40%
... Gesellschaft verändern	5%
... zu einem gesellschaftlichen Fortschritt beitragen	25%
... weder Gesellschaft verändern noch zu einem gesellschaftlichen Fortschritt beitragen	30%

Quelle: FUSS 2016/17, n=1064

Selbstverständnis als Soziolog*in

Diese grundsätzlichen Aussagen zur Disziplin wurden in einem zweiten Schritt in mehreren Blöcken weiter differenziert, in denen die Befragten eine Reihe von Aussagen auswählen sollten, sofern sie der Aussage zustimmen. Die Fragen waren im Gegensatz zum ersten Frageblock persönlich formuliert (»Als Soziolog*in will ich...«), um ein klareres Bild davon zu erhalten, was die Befragten persönlich mit ihrem soziologischen Studium und ihrer Tätigkeit als Soziolog*innen verbinden – wie sie also ihre persönliche Rolle als Soziolog*in charakterisieren würden. Tabelle 4 bildet sämtliche Aussagen ab, wobei jeweils die Zustimmungsraten angegeben sind. Mehrfachantworten waren möglich.

Tabelle 4: Zustimmung zu Aussagen über das persönliche Soziologieverständnis (Auswahl)

Als Soziolog*in …	
… will ich gesellschaftliche Probleme benennen	85%
… will ich Interpretationen von gesellschaftlichen Prozessen anbieten	77%
… will ich mich an empirischen Beobachtungen orientieren	72%
… will ich zur gesellschaftlichen Aufklärung beitragen	66%
…will ich Lösungen für gesellschaftliche Probleme aufzeigen	65%
… will ich anschauliche, verständliche Beschreibungen liefern	65%
… will ich Alternativen zur gegenwärtigen Gesellschaft aufzeigen	59%
… will ich in gesellschaftliche Debatten intervenieren	52%
… will ich an die Lebensrealität der Menschen anknüpfen	50%
… will ich mich an theoretischen Überlegungen orientieren	49%
… will ich auf politische Prozesse Einfluss nehmen	36%
… will ich Gesellschaft abbilden	35%
… will ich den Menschen in der Gesellschaft eine Orientierung geben	28%
… will ich abstrakte, komplexe Beschreibungen liefern	27%

Quelle: FUSS 2016/17, n=1068

Aus mehreren dieser differenzierteren Fragen wurde im Verlauf der Analyse ein Index gebildet, der eine präzise Auskunft über die Zustimmung zu einem politischen bzw. zu einem emanzipatorischen Soziologieverständnis ermöglicht. In diesen Index sind die Zustimmungsraten zu insgesamt sieben Aussagen eingeflossen, die sich thematisch um die Frage nach Gesellschaftsveränderung und politischer Einflussnahme als Bestandteil des Selbstverständnisses der Befragten als Soziolog*innen drehen.[6] Der Index

---

[6] Einbezogen wurden die Aussagen »Als Soziolog*in will ich Interpretationen von gesellschaftlichen Prozessen anbieten«, »…den Menschen in der Gesellschaft eine Orientierung geben«, »…zur gesellschaftlichen Aufklärung beitragen«, »…auf politische Prozesse Einfluss nehmen«, »…in gesellschaftliche Debatten intervenieren«, »…Lösungen für gesellschaftliche Probleme aufzeigen«, »Alternativen zur gegenwärtigen Gesellschaft aufzeigen«.

wurde standardisiert und bewegt sich zwischen 0 (volle Ablehnung) und 1 (volle Zustimmung). Die knapp 400 Fälle (37%), die in die Gruppe derjenigen mit einem »politischen« Rollenbild als Soziolog*in fallen, haben mehr als zwei Dritteln der aufgenommenen Items zugestimmt. Ihnen steht eine etwas kleinere Gruppe von 26% der Befragten gegenüber, die ihre Rolle als Soziolog*in nicht mit politisch-emanzipatorischen Aufgaben verbunden sehen. Weitere 37% konnten sich keiner dieser beiden Gruppen zuordnen.

Zusammenfassung der Ergebnisse

Vor dem Hintergrund unserer Ausgangsfragestellung nach dem »Versprechen« der Soziologie lassen sich folgende Ergebnisse festhalten: Zwei Drittel der von uns befragten Studierenden äußern bezüglich ihrer Studienmotivation deutliche emanzipatorisch-politische Momente. Etwas weniger als die Hälfte der Befragten geht davon aus, dass Soziologie als Wissenschaft per se mit politischer Einflussnahme und Intervention verbunden ist. Schließlich sieht sich mehr als ein Drittel der Teilnehmenden in ihrer Rolle als Soziolog*in mit dem Wunsch/der Aufgabe konfrontiert, als Soziolog*in an politischen Prozessen mitzuwirken. Betrachtet man alle drei Ebenen gemeinsam, geben 17% (n=185) bei allen drei Dimensionen – Studienmotivation, Disziplinverständnis und dem eigenen Rollenbild als Soziolog*in – konsistent Antworten, die der Soziologie eine grundsätzliche Bedeutung für politische Emanzipationsprozesse zuschreiben. Das erscheint auf den ersten Blick nicht allzu viel zu sein, gewinnt aber an Bedeutung, wenn man hinzuzieht, dass lediglich 17 Teilnehmende (1,5%) das konsistent gegenteilige Bild entwerfen, die Disziplin also in keinem Zusammenhang zu eigenen oder gesellschaftlichen Emanzipationshoffnungen sehen. Für knapp ein Fünftel der Befragten also bietet die Soziologie das Versprechen von politischer Emanzipation: Sie studieren das Fach, weil für sie dieser Aspekt große Bedeutung hat, und sie sehen sich selbst in ihrer Rolle als Soziolog*in dieser Aufgabe gegenüber. Darüber hinaus stimmt eine überwältigende Mehrheit der Befragten auf mindestens einer der Dimensionen – Studienmotivation, Disziplinverständnis und Selbstverständnis als Soziolog*in – einem solchen Bild der Disziplin zu.

Diskussion

Entgegen der einleitend dargestellten Hypothesen ergeben sich weder für eine an gesellschaftlicher Emanzipation orientierte Studienmotivation noch für das persönliche Soziologieverständnis Zusammenhänge zu den Variablen Geschlecht, Einkommen und Bildungshintergrund. Allerdings finden sich für diese zentralen Sozialstrukturvariablen einige im Sinne unserer Ausgangshypothesen relevante indirekte Zusammenhänge. Der Aussage »Das Studium der Soziologie bietet mir eine Vielfalt an beruflichen Möglichkeiten« stimmten Frauen (79%) signifikant häufiger zu als Männer (61%). Des Weiteren verbinden Studierende, deren beide Eltern Akademiker*innen sind, deutlich geringere berufliche Erwartungen mit dem Studium der Soziologie: Lediglich 65% stimmten der Aussage zu, dass das Studium der Soziologie ihnen eine Vielfalt an beruflichen Möglichkeiten bietet, während es bei den Übrigen 75% sind. Ist also für die männlichen Akademikerkinder im Vergleich die berufliche Aussicht nicht die zentrale Studienmotivation, so legt dies doch die Vermutung nahe, dass es hier eine Motivation gibt, die dem Fach eine (instrumentelle) Funktion jenseits der Arbeitswelt zuschreibt. Diese Befunde sind gleichwohl lediglich als Hinweise zu sehen, die sich anhand unserer Daten nicht prüfen lassen und Gegenstand weiterer Auseinandersetzung sein müssen.

Was wir anhand der erhobenen Daten aber sehr wohl zeigen konnten, sind signifikante Zusammenhänge zwischen den Variablen zur emanzipativen Studienmotivation, zum Soziologieverständnis, dem Rollenbild als Soziolog*in auf der einen und dem Studienstandort der Befragten sowie ihrer Position im Verlauf des Studiums (Fachsemester) auf der anderen Seite.

In unserem Datensatz befinden sich 303 (29%) Studierende im ersten Fachsemester Soziologie und ersten Hochschulsemester – also etwas weniger als ein Drittel Studienanfänger*innen. 472 (44%) Teilnehmer*innen studieren im Bachelor in einem höheren Fach- und Hochschulsemester und 281 (26%) studieren Soziologie bzw. Sozialwissenschaften im Master, Magister, Diplom oder sind Promotionsstudierende.

Tabelle 5: Studienmotivation und Standpunkt im Studium

	Emanzipative Studienmotivation			
	Zustimmung	teils, teils	Ablehnung	
Bachelor 1. Hochschul- und Fachsemester	71%	27%	2%	100%
Bachelor höheres Hochschul- oder Fachsemester	69%	26%	5%	100%
Master, Diplom, Promotion	65%	30%	5%	100%
Gesamt	719	290	44	1053

Quelle: FUSS 2016/17, n=1053

Betrachtet man die Studienmotivation dieser drei Gruppen hinsichtlich der Frage, inwieweit sie mit politisch-emanzipatorischen Hoffnungen verknüpft ist, zeigen sich Unterschiede zwischen den Gruppen, die Signifikanz wird jedoch knapp verfehlt (p=0.07). Der Trend bleibt dennoch klar sichtbar: Studierende im ersten Fachsemester geben häufiger an, mit ihrer Studienwahl Emanzipationshoffnungen zu verbinden, als Studierende der höheren Fachsemester (vgl. Tabelle 5).

Der Zusammenhang zwischen dem Disziplinverständnis von Soziologie und dem Studienverlauf ist hochsignifikant. Während von den Studienanfänger*innen noch knapp die Hälfte (48%) unter »Soziologie betreiben« eine Veränderung der Welt und einen Beitrag zum gesellschaftlichen Fortschritt sehen, sind es von den Bachelor-Studierenden im höheren Fachsemester nur noch 35%. Bei den Studierenden im Magister, Master usw. steigt die Zustimmungsrate wiederum auf etwas mehr als 40% an. Analog zu diesem Muster verhalten sich auch die weiteren Items zum Disziplinverständnis (vgl. Abbildung 2).

Abbildung 2: Disziplinverständnis und Standpunkt im Studium

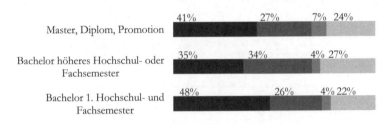

Soziologie betreiben bedeutet...

- ... Gesellschaft verändern UND zu einem ges. Fortschritt beitragen
- ... Gesellschaft verändern
- ... zu einem gesellschaftlichen Fortschritt beitragen
- ... weder Gesellschaft verändern noch zu einem ges. Fortschritt beitragen

Quelle: FUSS 2016/17, n=1051

Neben der Position im Studienverlauf hat sich der Studienstandort als zentrale Variable erwiesen, die einen Einfluss auf die drei oben ausführlich beschriebenen Dimensionen der politisch-emanzipatorischen Hoffnungen hat. Unser Datensatz umfasst zwar über 1.000 Teilnehmer*innen; aufgeteilt auf die 46 vertretenen Standorte deutschlandweit werden die Fallzahlen für einige Universitäten allerdings sehr gering. Selbst für die am stärksten vertretenen Standorte (Bielefeld, Freiburg, München) sind nur eingeschränkte Aussagen möglich, nichtsdestotrotz ergibt die Auswertung einige interessante Hinweise. In der Folge wurden alle Universitäten aufgenommen, von denen mindestens 30 Studierende an der Befragung teilgenommen haben. Signifikante Unterschiede ergeben sich für das Rollenbild als Soziolog*in (Tabelle 6) sowie für das allgemeine Disziplinverständnis (Tabelle 7).[7] Wie aus Tabelle 6 hervorgeht, ist der Anteil derjenigen, die ein dezidiert politisches Rollenverständnis als Soziolog*innen haben, in Trier, Erlangen, München und Frankfurt besonders groß, in Bielefeld und Mainz dagegen besonders gering.

---

7 Der Vergleich der Studienstandorte und der Studienmotivation ergab keine annähernd signifikanten Ergebnisse.

Tabelle 6: Studienstandort und Rollenbild als Soziolog*in

	Politisch-emanzipatorisches Rollenbild		
	politisch	teils, teils	nicht politisch
Universität Trier	52%	32%	16%
Friedrich-Alexander-Universität Erlangen-Nürnberg	48%	28%	25%
Ludwig-Maximilians-Universität München	44%	40%	16%
Goethe-Universität Frankfurt am Main	42%	42%	15%
Technische Universität Dresden	41%	35%	24%
Technische Universität Berlin	40%	33%	27%
Albert-Ludwigs-Universität Freiburg	39%	37%	25%
andere Universität mit n<30	36%	42%	23%
Johannes-Gutenberg-Universität Mainz	36%	26%	39%
Universität Bielefeld	31%	33%	36%

Quelle: FUSS 2016/17, n=1068

Auffällig ist dabei, dass sich für die Dimension der Rollenvorstellungen als Soziolog*in und des allgemeinen Disziplinverständnisses für manche Standorte eine gewisse Konsistenz unter unseren Teilnehmer*innen zeigen lässt: so zum Beispiel in Erlangen und Frankfurt. Andere Standorte – wie zum Beispiel die LMU München – weisen große Zustimmungswerte für die eine Dimension und besonders geringe für die andere Dimension auf. Die größten Zustimmungsraten zu einem dezidiert politischen Verständnis der Disziplin allgemein zeigen sich in Frankfurt (52%), Berlin (47%), Freiburg (46%) und Erlangen (45%).

Tabelle 7: Studienstandort und Disziplinverständnis

	Soziologie betreiben bedeutet ...	
	Gesellschaft verändern UND zu einem ges. Fortschritt beitragen	weder Gesellschaft verändern noch zu einem ges. Fortschritt beitragen
Frankfurt am Main	52%	24%
Berlin	47%	27%
Freiburg	46%	24%
Erlangen-Nürnberg	45%	20%
Trier	42%	36%
andere Universität mit n<30	41%	26%
Bielefeld	37%	40%
München	34%	29%
Mainz	31%	44%
Dresden	26%	35%

Quelle: FUSS 2016/17, n=1063

Kontrolliert man diese Ergebnisse mit der oben dargestellten Variable zur Position im Studienverlauf, zeigt sich, dass die größten Unterschiede zwischen Zustimmung und Ablehnung zu politisch-emanzipatorischen Aspekten durch Bachelor-Studierende im höheren Fachsemester zustande kommen. Beim Vergleich der Standorte und dem Disziplinverständnis sind sie die einzige Gruppe, bei der ein (hoch)signifikanter Zusammenhang zu beobachten ist. Beim Vergleich der Rollenbilder existieren signifikante Zusammenhänge für die Bachelor-Studierenden der höheren Semester und der Master-, Magister-, Diplom- und Promotionsstudierenden. Diese Feststellungen sind besonders interessant, weil sich für die Studienmotivation der Befragten keine annähernd starken Zusammenhänge mit den Studienstandorten ergeben.

Gerade um die hier angesprochenen Standorteffekte besser analysieren zu können, ist eine weitaus größer angelegte, repräsentative Befragung unerlässlich. Unserer Ansicht nach deuten diese Ergebnisse darauf hin, dass die Art und Weise, wie die Disziplin an den jeweiligen Instituten gelehrt wird, der entscheidende Faktor für das Fach- und Selbstverständnis sind, also ein Sozialisationseffekt vorliegt.[8] Im Rahmen einer repräsentativen Befragung wäre gleichwohl auch zu klären, ob es sich bei den beobachteten Standortunterschieden um Selektions- oder Sozialisationseffekte handelt.

Fasst man die dargestellten Ergebnisse zusammen, so lässt sich konstatieren, dass das »Versprechen« der Soziologie, von dem einleitend die Rede war, unter Studierenden weit verbreitet ist und eine große Rolle für ihr Verhältnis zum eigenen Fach spielt, sei es bezüglich der Studienmotivation, des Selbstverständnisses als Soziolog*innen oder ihres Wissenschaftsverständnisses. Interessant dabei ist, dass klassische demographische Merkmale wie Geschlecht oder Einkommen keine große Rolle spielen, dafür aber die Position im Verlauf des Studiums sowie der Studienort relevante Faktoren darstellen.

Fazit und Ausblick

Bei aller Vorsicht in Bezug auf die Aussagekraft dieser explorativen Studie konnten wir zeigen, dass das Versprechen der Soziologie, den Menschen in einem emanzipatorischen Sinne im Umgang mit den gesellschaftlichen Verhältnissen und Zumutungen zu helfen, wie es eingangs an den Aussagen Theodor W. Adornos und Jutta Allmendingers exemplarisch festgemacht wurde, unter Studierenden des Faches von großer Bedeutung ist. Zwar zeigt lediglich etwa ein Fünftel der Befragten eine kohärent auf Emanzipation gerichtete Vorstellung von Soziologie im oben diskutierten dreifachen Sinne, der Anteil derjenigen mit einem kohärent auf Werturteilsfreiheit abzielenden Wissenschaftsverständnis ist aber gleichzeitig vernachlässigungswürdig gering. Der große Anteil an Befragten, die sich zwischen diesen beiden Polen bewegen und also einen auf bestimmte Teilbereiche

---

[8] Verstärkt wird dieser Effekt unter Umständen durch einen Selektionseffekt, wenn bestimmte Studierende eher ihr Studium abbrechen als andere – über diese Möglichkeit können wir an dieser Stelle allerdings nur spekulieren, weil Studienabbrecher*innen nicht Teil des Samples sind.

beschränkten Bezug auf das Versprechen der Soziologie äußerten, zeigt dabei, dass sich die Widersprüchlichkeit der verschiedenen Ausformulierungen dieses Versprechens in den Vorstellungen der Studierenden widerspiegelt. Deutlich geworden ist diese Widersprüchlichkeit zuletzt in der breit geführten Auseinandersetzung um das Verhältnis von Soziologie und Kritik und den dort verhandelten vermeintlichen Alternativen »kritische Soziologie« und »Soziologie der Kritik« (vgl. Celikates 2008). Hieran anschließend wären in einer qualitativen Untersuchung zunächst die Konturen der Erwartungen von Studierenden zu klären. Schließlich weisen die eingangs aufgeführten Positionen (Adorno, Bourdieu, Allmendinger) auf die deutlichen Unterschiede hin, die unter der Kategorie Emanzipationshoffnung subsumiert wurden. Jedoch sollte hier nicht Theoriegeschichte reproduziert werden, sondern der Versuch gemacht werden, sich den Vorstellungen der Studierenden in einem rekonstruktiven Ansatz offen zu nähern.

Besonders hervorzuheben ist, dass wir keinen bedeutenden Einfluss sozialstruktureller Variablen auf die Relevanz des Versprechens der Soziologie für Studierende zeigen konnten, sehr wohl aber eine große Bedeutung der Position im Studienverlauf und des Studienstandorts. Aufgrund dieser Hinweise und der Tatsache, dass unsere Befunde sowie das Sampling keine eindeutigen Schlüsse zulassen, ist es unseres Erachtens unerlässlich, in einer qualitativen Folgestudie die Sinnzusammenhänge von Studienmotivation, Disziplin- und Rollenverständnis tiefergehend zu untersuchen. Aus einer solchen qualitativen Untersuchung könnte sich anschließend in einer weiteren, repräsentativen Studie das Ausmaß und die Geformtheit des Versprechens der Soziologie bestimmen lassen. In jedem Fall sollte die Debatte um den Charakter der Soziologie sehr viel stärker auf das Verständnis der Disziplin bei Studierenden Bezug nehmen. Eine innerdisziplinäre Auseinandersetzung darüber, was Soziologie ist und sein soll, die ohne die Perspektive von Studierenden geführt wird, droht diese zu passiven Empfänger*innen von kanonischem Wissen zu degradieren und verspielt damit die Möglichkeit, die Sozialwissenschaften in ihrer Vielfalt und Unabgeschlossenheit zum Ausgangspunkt von tatsächlich kontroverser Diskussion zu machen.

Literatur

Adorno, T.W. 2003 [1968]: Einleitung in die Soziologie. Hgg. von C. Gödde. Frankfurt am Main: Suhrkamp.

Allmendinger, J. 2015: Über Soziologie. In F.A.Z.-Uni-Ratgeber, Kommt zu uns! www.faz.net/aktuell/beruf-chance/uni-ratgeber/f-a-z-uni-ratgeber-professoren-geben-tipps-fuers-studium-13692345.html, letzter Aufruf 12. August 2017.

Berger, P.L. 1969: Einladung zur Soziologie. Eine humanistische Perspektive. Olten: Walter-Verlag.

Boltanski, L., Honneth, A. 2008: Soziologie der Kritik oder Kritische Theorie? Ein Gespräch mit Robin Celikates. In R. Jaeggi, T. Wesche (Hg.), Was ist Kritik? Philosophische Positionen. Frankfurt am Main: Suhrkamp, 81–114.

Bourdieu, P., Raulff, U. 1989: Satz und Gegensatz. Über die Verantwortung des Intellektuellen. Berlin: Wagenbach.

Celikates, R. 2008: Von der Soziologie der Kritik zur kritischen Theorie. WestEnd: Neue Zeitschrift für Sozialforschung 5, 120–132.

Christ, M. 2011: Die Soziologie und das »Dritte Reich«. Weshalb Holocaust und Nationalsozialismus in der Soziologie ein Schattendasein führen. Soziologie, 40. Jg., Heft 4, 407–431.

Habermas, J., Luhmann, N. 1985: Theorie der Gesellschaft oder Sozialtechnologie – was leistet die Systemforschung? Frankfurt am Main: Suhrkamp.

Kray, T.-R. 2015: Über die Konsequenzenlosigkeit der Soziologie. Soziologiemagazin: publizieren statt archivieren, 8. Jg., Heft 1, 5–21.

Ritter, S. 2018: Schule als Ort soziologischer Bildung und Forschung. Chancen der universitären Soziologie. Soziologie, 47. Jg., Heft 1, 66–69.

Vobruba, G. 2013: Soziologie und Kritik. Moderne Sozialwissenschaft und Kritik der Gesellschaft. Soziologie, 42. Jg., Heft 2, 147–168.

Vobruba, G. 2017: Die Kritikkontroverse. Probleme der Unterscheidung von Praxis und Theorie. Soziologie, 46. Jg., Heft 2, 173–190.

Wer erbringt hier die Leistung?

Oder: Darf ein Autor/eine Autorin von Qualifikationsarbeiten die Ergebnisse von gemeinsamen Daten-Interpretationen nutzen?

Jo Reichertz

Gruppeninterpretation und Multi-Autorenschaft

Im Dezember 2017 fragten gleich 13 Autorinnen und Autoren eines kurzen, einspaltigen Artikels in der ZEIT, weshalb es in jüngster Zeit bei wissenschaftlichen Artikeln gerne Kilo-Autorenschaften gebe. So käme es zum Beispiel in der Physik vor, dass bei Fachartikeln »die Aufzählung der Mitarbeiter in die Tausende geht und mehr Platz benötigt als der Fachartikel selber« (Spiewak et al. 2017). Den Grund für diese Entwicklung sehen die Autor/innen in der gewachsenen Notwendigkeit, »all jene zu nennen, die am Erkenntnisfortschritt *wesentlich* beteiligt waren« (ebda.).

Das mag sicherlich ein Grund für Kilo-Autorenschaften sein. Aber es gibt wahrscheinlich noch weitere. Sicher ist jedoch, dass Forschung nicht mehr nur alleine in der *splendid isolation* betrieben wird, sondern zunehmend in Gruppen. Das hat zur Folge, dass die Publikationen über diese Forschung auch mehrere Autor/innen haben. Das betrifft nicht nur die Naturwissenschaften, sondern zunehmend auch die Sozialwissenschaften – nicht zuletzt weil innerhalb der qualitativen und interpretativen Sozialforschung das gemeinsame Interpretieren aus gutem Grund immer mehr zum Forschungsalltag gehört. Und zunehmend wird jetzt diskutiert, wer denn aus der Interpretationsgruppe einen wesentlichen Beitrag zur Forschung geleistet hat und deshalb in der Publikation genannt werden muss. Aber es werden auch (nicht minder heikle) Fragen nach der Leistung der Autor/innen und Forscher/innen gestellt – und das kann immer dann heikel werden, wenn es sich um Qualifikationsarbeiten oder Zeitschriftenartikel handelt. Im Weiteren möchte ich einige der Probleme benennen, die mit der Publikation von Gruppeninterpretationen einhergehen und handhabbare Lösungsvorschläge anbieten.

Daten in einer sogenannten »Interpretationsgruppe« zu interpretieren, ist in Deutschland eine mittlerweile weit verbreitete Praktik innerhalb der qualitativen bzw. interpretativen Sozialforschung. Das Ziel dieser Interpretationsgruppen ist es, »belastbares« Wissen über das Handeln und die alltäglichen Praktiken von Menschen, über deren Werte, Normen und Kultur, über deren Typisierungen und den Prozess des Typisierens, über deren spezifische Regeln und Gesetze, kurz: über deren kommunikative Konstruktion der sozialen Welt zu generieren. Insofern sind Interpretationsgruppen erst einmal spezifische Medien/Mittel oder soziale Techniken der Wissensgenerierung oder genauer: der kommunikativen Generierung sozialwissenschaftlichen Wissens über die soziale Welt, also der kommunikativen Konstruktion von Wirklichkeit (Keller, Knoblauch, Reichertz 2013).

Von Interpretationsgruppen wird in der Fachliteratur oft behauptet, dass die »Qualität« des so generierten Wissens *besser* sei als das in Einzelarbeit geschaffene Wissen. Darüber hinaus sollen die Gruppeninterpretationen *mehr Qualität* aufweisen. Unter diesem »Mehr an Qualität« wird (je nach wissenschaftstheoretischer Ausrichtung) mal ein Mehr an Kreativität, Diversität und Validität verstanden. Immer jedoch soll man mit Gruppen »mehr sehen« können als alleine – frei nach dem (Heidegger zugeschriebenen) Diktum, dass der, der mehr sieht, auch mehr Recht hat.

Gerd Riemann fasst die Hoffnungen und Erwartungshaltungen an Gruppeninterpretationen so zusammen:

»Die Wirksamkeit zentraler Aktivitäten der Datenanalyse [...] kann dadurch *gesteigert* werden, dass sie sich in der Interaktion einer Arbeitsgruppe von – natürlich auch studentischen – Forscherinnen und Forschern entfaltet: man entdeckt mehr im gemeinsamen – mündlichen – Beschreiben von Texten, die Darstellung wird facettenreicher und dichter; und das dialogische Argumentieren – das Behaupten, Bestreiten, Bezweifeln, Begründen und Belegen – führt zu einer Differenzierung und Verdichtung von analytischen Abstraktionen, kontrastiven Vergleichen und theoretischen Modellen« (Riemann 2011: 413, meine Hervorhebung).

Betont Riemann in seiner Lobrede auf die Interpretationsgruppen vor allem, dass die Gruppen *mehr* und *differenzierter* seien als Einzelne, so betont

Ulrich Oevermann die *Gültigkeit* der auf diese Weise gewonnenen Deutungen. Er vertritt nämlich die Position,

»daß man im Prinzip, wenn man nur lange genug, mit Rückgriff auf das intuitive Regelwissen, eine entsprechende konkrete Äußerung interpretiert und auslegt, ohne auf irgendwelche technischen Mittel und Analysemethoden zurück zu greifen, auf einen *gültigen* Begriff […] kommen kann« (Oevermann 1983: 246, meine Hervorhebung).

Auch wenn sich die Rechtfertigungen deutlich voneinander unterscheiden, gehen doch beide davon aus, dass Interpretationsgruppen *bessere* Produkte/Ergebnisse erzeugen können. Insofern werden Gruppeninterpretationen in diesen Forschungstraditionen als Mittel der *Qualitätsverbesserung* eingesetzt. Oder anders: Gemeinsam erreicht man mehr und Besseres! Das ist auf den ersten Blick sehr erfreulich, auf den zweiten Blick jedoch kann dies, was später thematisiert werden soll, auch handfeste Probleme nach sich ziehen.

Die Macht, Gültigkeit und theoretische Reichhaltigkeit zu verleihen, wird auf diese Weise nicht mehr an einen Einzelnen, auch nicht an eine objektivierbare, kontrollierbare und intersubjektiv nachvollziehbare Prozedur (also an etwas Nicht-Subjektives) gebunden, sondern ausdrücklich dem Diskurs oder besser: dem gemeinsamen streitbaren Gespräch interessierter Wissenschaftler (und damit einem sozialen Prozess) überantwortet.

Gemeinsam interpretieren bedeutet in der Praxis qualitativer Sozialforschung, mit anderen gemeinsam Ergebnisse zu erzielen, die, so der Anspruch, besser, gehaltvoller, valider sind als Ergebnisse, die man erzielen würde, wenn man alleine interpretieren würde. Dieser Anspruch gilt durchgehend für qualitative Sozialforschung (Reichertz 2013, 2016) und ist in fast allen Traditionen dieser Art der Sozialforschung anzutreffen.

Diese Art der *kollaborativen Erzeugung* von Ergebnissen und damit auch von wissenschaftlichen Begriffen, Konzepten Einsichten und Erkenntnissen bringt im Alltag der wissenschaftlichen Qualifikation jedoch immer dann *Probleme* mit sich (und das zunehmend), wenn die Ergebnisse von einem Autor oder einer Autorin publiziert werden, der/die mit der Publikation von Ergebnissen einer Gruppeninterpretation beansprucht, sich wissenschaftlich zu qualifizieren (Bachelor, Master, Promotion, Habilitation). Ähnliches gilt, wenn ein Autor/eine Autorin unter seinem/ihrem Namen die Ergebnisse der Gruppeninterpretation in einer Publikation veröffentlichen möchte. Im Groben lassen sich die Probleme in zwei Sorten unterteilen.

Wer muss/will als Autor/in genannt werden?

Die erste Sorte von Problemen umfasst die, die entstehen, wenn *jene, die an der Interpretation beteiligt* waren, formell oder informell ihrerseits Widerspruch gegen die Publikation erheben – sei es, dass sie die Ergebnisse in anderer Weise in Erinnerung haben, sei es, dass sie sich nicht hinreichend gewürdigt fühlen. Diese Probleme sind wahrscheinlich relativ leicht, und zwar kommunikativ, zu lösen: Es versteht sich von selbst, dass man alle Mitglieder einer Interpretationsgruppe bei einer Publikation in der ersten Fußnote namentlich benennt und allen für die Mitarbeit an der Interpretationsgruppe und die Unterstützung dankt. Das ist eine Selbstverständlichkeit oder sollte es zumindest sein.

Schwieriger wird es schon, wenn ein Gruppenmitglied eine bestimmte Idee für sich reklamiert, also darauf besteht, dass sie später in Publikationen nicht von anderen verwendet werden darf oder nur in Verbindung mit dem Hinweis, dass diese besondere Idee/Interpretation auf ihn/sie zurückgeht. Hier ist eine intensivere kommunikative Lösung vonnöten: Man muss ein Vier-Augen-Gespräch suchen und gegebenenfalls auch ein moderiertes Gespräch. Bei diesem Verständigungsprozess ist für alle Beteiligten zu berücksichtigen, dass auch dann, wenn Interpretationssitzungen mit Tonband aufgezeichnet werden, nicht wirklich immer klar identifizierbar ist, wer als erster eine bestimmte *Idee* ins Spiel gebracht hat bzw. von wem als erster die treffende *Formulierung*/Lesart stammt. Denn Interpretationssitzungen kann man in gewisser Hinsicht als eine Art *geistiges Billard* verstehen: eine durch die Daten angestoßene Kugel (Lesart, Diskussionsbeitrag) kann die Bewegung der anderen Kugel(n), also andere Ideen und Lesarten auslösen, sie in eine oder mehrere Richtungen schlagen, wo sie andere Kugeln treffen, von ihnen abprallen und zugleich diese in Bewegung versetzen. Der oder die, welche/r eine Idee ausspricht, muss nicht ihr Erschaffer sein. Ideen haben in Interpretationsgruppen viele Väter und Mütter.

Kurz: Gemeinsames Interpretieren ist gemeinsames gegenseitiges Anstoßen, aus dem dann eine oder mehrere Ideen entspringen, die dann weitere Ideen zur Folge haben. Diese kommunikativ angestoßenen geistigen Prozesse bringen Ideen hervor, die kommunikativ gerechtfertigt und vielleicht auch von dem Gruppenkonsens ratifiziert werden. Deshalb sind die Ergebnisse von Gruppeninterpretationen letztlich immer Ergebnisse eines konkreten kommunikativen Prozesses und nicht einer konkreten Person – auch wenn manche Ergebnisse von einer bestimmten Person zum ersten

Mal auf den Punkt und in eine griffige Formulierung gebracht wurden. Aber auch dann spricht der eine nur das laut aus, was alle gemeinsam erarbeitet haben – er oder sie ist nicht wirklich der oder die alleinige Autor/in. Das muss *vor* der Interpretation allen Beteiligten klar sein bzw. man muss es allen Beteiligten klar machen und alle sollten vorab damit einverstanden sein.

Dieses Problem der nicht eindeutig klaren Autorschaft bei Gruppenleistungen findet sich im Übrigen nicht nur in der qualitativen/interpretativen Sozialforschung, sondern in jeder Art wissenschaftlichen Arbeitens – einfach, weil jede Art der wissenschaftlichen Produktion von Wissen das Resultat kommunikativer Konstruktionen des Gegen- und Miteinander ist: Jeder Wissenschaft ist ein kommunikatives Fundament zu eigen (zum Beispiel Mulkay 1979), da die Interpretation der erhobenen Daten wesentlich auf die diskursive Interaktion innerhalb der Gemeinschaft der Wissenschaftler/innen zurückgeht (zum Beispiel Latour 1987; Knorr-Cetina 1984; Bloor, Barnes, Henry 1996; Potter, Wetherell 2005) – unabhängig davon, ob die Arbeit in Laboren, Instituten oder Arbeitsgruppen stattfindet.

Demnach ergeben sich Interpretationen nicht von selbst, sie emergieren nicht aus den Daten, sondern werden *aktiv* in Auseinandersetzung mit den Team-Kolleg/innen, mit der scientific community und der Gesellschaft *produziert*. Welche Deutung der Daten sich in einer Arbeitsgruppe schlussendlich durchsetzt, verdankt sich nicht (nur) dem empirisch oder sachlogisch besseren Argument, vielmehr müssen vorgetragene Argumente von den beteiligten Wissenschaftler/innen als logisch und/oder besseres Argument kommunikativ plausibilisiert werden. Die Formen, Inhalte und Ergebnisse dieser kommunikativen Generierung von Wissen sind dabei – so Karin Knorr-Cetina – maßgeblich von »transepistemischen« und »transwissenschaftlichen« Faktoren (Knorr-Cetina 1984: 154 ff.) beeinflusst, zum Beispiel von institutionell verankerter Macht, Konkurrenz, Emotionen, kulturellen Erwartungen, Normen und Zuschreibungen der jeweiligen scientific community. Die so entstehende Interaktionsdynamik lässt sich in Wissenschaftler/innengruppen weder stillstellen noch eliminieren – sie ist fundamental und maßgeblich verantwortlich für das Ergebnis der gemeinsamen Wissenserzeugung (Knorr-Cetina 1984: 290; Keller, Poferl 2014).

Hat der Autor/die Autorin die geforderte Leistung erbracht?

Die zweite Sorte von Problemen, die sehr viel schwerwiegender sind und die Methode des gemeinsamen Interpretierens innerhalb der qualitativen/interpretativen Sozialforschung grundsätzlich erschüttern können, ergibt sich aus jenen Problemen, die im *Rahmen von Prüfungsleistungen* auftauchen. Prüfungsleistungen sind nämlich in der Regel *Einzelleistungen* – was bedeutet, dass die Einzelnen bezeugen und gegebenenfalls nachweisen müssen, dass bestimmte Ergebnisse, die sie im Rahmen von Qualifikationsarbeiten vorlegen, tatsächlich nur von ihnen erbracht wurden und nicht von anderen, dass sie also die *Urheber* einer Lesart, eines Konzepts oder einer Theorie sind.

Zwar finden sich in Prüfungsordnungen immer wieder auch Hinweise auf den Umgang mit den Ergebnissen von Gruppenarbeiten, aber auch da ist die Linie klar: Die Einzelleistung muss abgrenzbar, erkennbar und nachweisbar sein. Hier einige gängige Formulierungen dazu aus diversen Prüfungsordnungen:

»Arbeiten von Gruppen können für Einzelne nur insoweit als Prüfungsleistung anerkannt werden, als die zu bewertende individuelle Leistung des einzelnen Studenten deutlich unterscheidbar ist. Die Abgrenzung der Leistung des Einzelnen erfolgt auf Grund der Angabe von Abschnitten oder Seitenzahlen oder durch eine von den Mitgliedern der Gruppe vorzulegende zusätzliche Beschreibung, die eine Abgrenzung des Beitrags des Einzelnen ermöglicht.« (Masterprüfungsordnung).

Oder aber aus einer Habilitationsordnung einer deutschen Hochschule:

»Wesentliche Beiträge zu wissenschaftlichen Veröffentlichungen einer Forschungsgruppe werden entsprechend anerkannt, wenn die Habilitandin bzw. der Habilitand ihre bzw. seine maßgebliche Mitwirkung als Mitglied dieser Forschungsgruppe eindeutig belegen kann und der individuelle Beitrag der Habilitandin bzw. des Habilitanden deutlich erkennbar ist, als solcher den Anforderungen an eine schriftliche Habilitationsleistung oder Habilitationsteilleistung genügt und für sich bewertbar ist.«

Reicht nun jemand eine Qualifikationsarbeit (oder auch einen Artikel) bei der Prüfungskommission (oder einer reviewten Zeitschrift) ein und schreibt (unter Nennung der Namen aller Beteiligten), dass einige oder wesentliche Ergebnisse der vorgelegten Arbeit in Gruppeninterpretationen erarbeitet wurden, dann besteht durchaus und leider auch: zunehmend eine Gefahr, die nicht mehr nur akademisch, sondern wie Einzelfälle zeigen, real ist. Denn es kommt vor, dass wohlgesonnene, aber auch weniger wohl gesonnene Gutachter/innen oder Vorsitzende von Prüfungskommissionen die Kandidat/innen fragen, wer denn hier welche Leistung erbracht hat, ob die individuelle Leistung klar abgrenzbar ist und ob der jeweilige Prüfling bzw. Autor/in die Leistung als seine/ihre ausflaggen darf.

Dann ist es nicht mehr weit bis zu dem Punkt, den Autor/innen der Prüfungsleistung zu unterstellen, dass die Ergebnisse nicht wirklich von ihnen selbst produziert worden seien, sondern von anderen, bekannten wie unbekannten, genannten wie ungenannten Autor/innen. Verbunden mit diesem Zweifel wird dann gerne die Einschätzung, man könne die eingereichte Schrift nicht als Qualifikationsschrift anerkennen oder aber man könne die Verantwortlichkeit des Autors/der Autorin für bestimmte Aussagen nicht klar erkennen – weshalb man die Publikation verweigert. Diese Sorte von Problemen ist sehr viel schwieriger zu behandeln und man bewegt sich schnell auf dünnem Eis oder aber man reitet sich selbst weiter in die Probleme hinein.[1]

Eine Möglichkeit, diese Probleme zu lösen, besteht *aus meiner Sicht* darin, eine grundlegende Unterscheidung vorzunehmen: nämlich zwischen dem *Entwickeln von Lesarten in Gruppen* einerseits und der späteren *Tätigkeit des Schreibens* eines Textes durch einen Autor/eine Autorin zu trennen. Denn das sind zwei Prozesse, die sich räumlich, personell, aber auch logisch und im Hinblick auf die damit verbundene Leistung und Autorschaft deutlich voneinander unterscheiden.

Für den ersten Prozess und dessen Besonderheit, nämlich die gemeinsame kommunikative Konstruktion von Lesarten und Formulierungen gilt das, was ich oben beschrieben habe. In dieser Sicht wird die Interpretationsgruppe als *Medium* begriffen, das methodisch angeleitet und methodisch kontrolliert in einer spezifischen sozialen Situation eine Transformation der Daten vornimmt. Die Interpretationsgruppe ist in diesem Kontext aufzufassen als eine Art *menschliches Transformationsprogramm*, das die ursprünglichen Daten umformt, die nach Schütz Konstruktionen von Welt erster Ordnung sind (vgl. Schütz 2004: 397 ff.), und auf diese Weise die Daten im Hinblick auf die Fragestellung anreichert und so neue gehaltvollere *Daten* schafft, somit Daten einer höheren Ordnung, *Daten zweiter*

---

[1] Man reitet sich selbst weiter in die Probleme hinein, wenn man zum Beispiel in einer solchen Situation die Prinzipien und Ansprüche der Gruppeninterpretation stark macht und betont, dass man gemeinsam mehr und anderes sehe als alleine. Wer also argumentiert, man habe gemeinsam interpretiert, weil man alleine nicht so weit kommen könne, der sät Zweifel daran, ob die Einzelleistung auch so »gut« hätte sein können wie das Gemeinschaftswerk.

Ordnung herstellt. Diese Daten würden auch im Sinne von Schütz *Konstruktionen* von Welt zweiter Ordnung sein.

Interpretationen, die mit Hilfe einer Interpretationsgruppe geschaffen wurden, wären also *nicht* die schlussendliche Transformation der Ursprungsdaten in ein Konzept oder eine Theorie, sondern sie wären ein *Zwischenschritt* zur Erzeugung neuer gehaltvollerer Daten, die für eine spätere Gesamtinterpretation im Hinblick auf die Fragestellung eines Forschungsvorhabens erst neu ausgedeutet und dann auf den theoretisch relevanten Punkt gebracht werden müssen. Interpretationen von Interpretationsgruppen stellen somit erst einmal kein Konzept und keine Theorie zur Verfügung, sondern liefern das Datenmaterial dazu, Konzept wie Theorie, also *Konstruktionen*, und damit auch *Daten dritter Ordnung* erst zu erzeugen. Auch wenn in dieser Sicht die Konstruktionen zweiter und dritter Ordnung wissenschaftliche Konstruktionen sind und sich somit von den alltäglichen prinzipiell unterscheiden, sind sie jedoch nicht identisch, sondern ebenfalls *prinzipiell* verschieden – weil sie Konstruktionen dritter Ordnung sind, welche die Konstruktionen zweiter Ordnung als Daten behandeln und sie damit erneut und eigenständig ausdeuten.

Stellt sich noch die Frage, wem diese, von der Interpretationsgruppe produzierten Daten gehören (vgl. hierzu Rixen 2018). Aus meiner Sicht ist die Sache dann eindeutig, wenn alle Beteiligten vorab wussten, dass die Interpretation im Rahmen eines Forschungsvorhabens (unabhängig davon, wie groß es ist) gemeinsam erzeugt wurden. Dann nämlich gehören diese Daten denjenigen, die diesen Prozess in Gang gesetzt haben und schlussendlich verantworten, also der Forschungsleiterin oder dem Forschungsleiter. Sie oder er entscheidet dann darüber, ob und wie die Daten genutzt werden sollen, ob und wie diese *Daten zweiter Ordnung* neu ausgedeutet und welche Daten wie für eine Konzeptionalisierung bzw. eine theoretische Verdichtung genutzt werden. Diese gedankliche Arbeit, welche theoretisches Wissen, methodologische Reflexionen und ein hohes Maß an methodischer Feinfühligkeit voraussetzt, ist eine eigenständige und beachtliche Leistung.

Entscheidend ist aus meiner Sicht (und das macht den wesentlichen Unterschied aus, der auch rechtlich einen Unterschied macht), dass der Autor/die Autorin selbst wieder als Interpret/in des Interpretationsprozesses der Anderen tätig wird – also dass er/sie die Ergebnisse der Interpretationsgruppe gerade nicht 1:1 abschreibt und sie als die eigenen ausgibt, sondern dass er/sie diese in einem weiteren gedanklichen Prozess der Reflexion im Hinblick auf die eigene Fragestellung interpretiert und neu gestaltet. Das auf diese Weise zustande gekommene neue Produkt unterscheidet sich dann wesentlich von den ursprünglichen Interpretationsergebnissen und geht auch auf einen anderen Autor oder Autorin zurück – weshalb man diese Ergebnisse zu Recht für sich reklamieren kann.

Institutionelle Regelung notwendig

Wenn der Autor/die Autorin sich also entschließt, innerhalb der eigenen Arbeit Teile der Interpretationen der Interpretationsgruppe für seine/ihre Zwecke zu nutzen, dann handelt es sich gerade *nicht* um die Verdopplung der Interpretationsergebnisse anderer, sondern um ein eigenes Produkt. Die Ergebnisse der anderen, also die der Interpretationsgruppe, werden dann als *Quelle* genutzt und in die eigene Argumentation als *Zitat* eingebaut. Dieses Zitat wird also von dem Autor/der Autorin der Schrift benutzt, um seine/ihre Interpretation zu differenzieren und zu plausibilisieren oder zu belegen.

Bei Qualifikationsarbeiten muss also deutlich unterschieden werden zwischen den *Aussagen der Interpretationsgruppe* und deren Ergebnissen auf der einen (Daten zweiter Ordnung) und der *Tätigkeit des Autors*, der die Ergebnisse der Interpretationsgruppe erneut interpretiert, neu bewertet und neu anordnet auf der anderen Seite. Insofern kann er/sie immer nur die Interpretationsgruppe als externe Quelle zitieren und nicht als Teil seines eigenen Tuns, auch wenn er oder sie selbst an der Interpretationsgruppe beteiligt war und diese sogar moderiert hat. Zitate aus den Ergebnisprotokollen der Interpretationsgruppen sind also zu behandeln wie Zitate aus der wissenschaftlichen Literatur, die man anführt, um zu belegen, von welchen gedanklichen Operationen anderer oder von welchen Daten man sich hat bewegen lassen, eigene Überzeugungen zu entwickeln und zu festigen.

Man muss also meines Erachtens als Autor oder Autorin sehr klar herausarbeiten, dass man einerseits als Autor/in eines Textes tätig wird, der zum Zwecke der Qualifikation eine Qualifikationsarbeit schreibt und dort andererseits innerhalb dieser Qualifikationsarbeit im empirischen Teil auf (Teil-)Ergebnisse zurückgreift, die er/sie mithilfe anderer Kolleg/innen aufgrund der Dateninterpretation erlangt hat. Der Autor/die Autorin gibt dann mit seiner/ihrer Arbeit weder die Ergebnisse dieser Kommunikation in Gänze wieder, noch gibt er/sie diese Ergebnisse als seine eigene Leistung aus, sondern der Autor/die Autorin interpretiert die Gruppenleistung vor dem Hintergrund als besondere Daten, die er/sie unter der eigenen Fragestellung neu ausdeutet.

Insofern ist das gemeinsame Interpretieren vergleichbar mit dem gemeinsamen Arbeiten in Laboren, Instituten oder Arbeitsgruppen: Auch dort wird immer wieder am Labortisch und in der Kantine und zwischen Tür und Angel über die laufende Forschung teils formell, teils informell diskutiert. Im Labor oder im Institut entsteht dabei ein gemeinsames Klima und eine gemeinsame gedankliche Orientierung, die durchaus die Überzeugungen aller Beteiligten weiter trägt und in der Regel auch weiter führt, als hätte man alleine gearbeitet. Dennoch sind auch die in Laboren, Instituten und in Arbeitsgruppen erzielten Ergebnisse von dem zu verantworten, der sie vor dem Hintergrund einer eigenen Fragestellung in eigener Verantwortung später auswählt und interpretiert und dann auf eigene Verantwortung (wenn auch unter Nennung der Namen der Beteiligten) dem wissenschaftlichen Diskurs zur Verfügung stellt.

Misslich ist bislang, dass jeder Autor/jede Autorin im Falle eines offiziellen Zweifels an der vollen Autorschaft dieses Problem allein lösen muss – also den prinzipiellen Zweifel für seinen Fall kommunikativ beseitigen muss, was angesichts der ungleichen Machtverhältnisse zwischen Gutachter/innen und Begutachteten nicht immer einfach ist. Hilfreich wäre aus meiner Sicht, wenn die Sektionen der Fachgesellschaften, die von den oben angesprochenen Problemen besonders betroffen sind, hierzu verbindliche Klärungen herbeiführen und eine institutionell abgesicherte Sprachregelung schaffen würden, auf die dann im Falle eines Zweifels verwiesen werden kann. Das würde die Position der Betroffenen deutlich verbessern und würde auch der Gruppeninterpretation und somit der qualitativen/interpretativen Sozialforschung guttun.

Literatur

Bloor, D., Barnes, B., Henry, J. 1996: Scientific knowledge. Chicago: University Press.

Keller, R., Knoblauch, H., Reichertz, J. (Hg.) 2013: Kommunikativer Konstruktivismus. Wiesbaden: Springer VS.

Keller, R., Poferl, A. 2014: Soziologische Wissenskulturen. Zur Generierung wissenschaftlichen Wissens durch die Praxis der Auslegung. In R. Hitzler, (Hg.), Hermeneutik als Lebenspraxis. Weinheim: Beltz Juventa, 177–191.

Knorr-Cetina, K. 1984: Die Fabrikation von Erkenntnis. Frankfurt am Main: Suhrkamp.

Latour, B. 1987: Science in action. How to follow scientists and engineers through society. Cambridge, MA: Harvard University Press

Mulkay, M.J. 1979: Science and the Sociology of Knowledge. London: Allen & Unwin.

Oevermann, U. 1983: Zur Sache. Die Bedeutung von Adornos methodologischem Selbstverständnis für die Begründung einer materialen soziologischen Strukturanalyse. In L. v. Friedeburg, J. Habermas (Hg.), Adorno-Konferenz 1983. Frankfurt am Main: Suhrkamp, 234–292.

Potter, J., Wetherell, M. 2005 [1987]: Discourse and Social Psychology: Beyond Attitudes and Behaviour. London: Sage.

Reichertz, J. 2013: Gemeinsam interpretieren. Wiesbaden: Springer VS.

Reichertz, J. 2016: Qualitative und interpretative Sozialforschung. Eine Einladung. Wiesbaden: Springer VS.

Riemann, G. 2011: Grounded theorizing als Gespräch: Anmerkungen zu Anselm Strauss, der frühen Chicagoer Soziologie und der Arbeit in Forschungswerkstätten. In G. Mey, K. Mruck (Hg.), Grounded Theory Reader. Wiesbaden: VS, 405–426.

Rixen, S. 2018: Zukunftsthema. Zum Umgang mit Forschungsdaten. Forschung & Lehre, 25. Jg., Heft 2, 108–111.

Schütz, A. 2004: Der sinnhafte Aufbau der sozialen Welt. Konstanz: UVK.

Spiewak, M., Albrecht, H., Bahnsen, U., Habekuß, F., Kara, S., Nieuwenhuizen, A., Nolte, J., Schmitt, S., Schnabel, U., Schweitzer, J., Sentker, A., Straßmann, B., Willmann, U. 2017: Wer hat das geschrieben? ZEIT online, 27. Dezember 2017, www.zeit.de/2018/01/wissenschaft-autorenzahl-studie-forschungsartikel, letzter Aufruf 16. Februar 2018.

Aktuelle Herausforderungen der Wissenschafts- und Hochschulforschung

Eine kollektive Standortbestimmung

Julian Hamann*, David Kaldewey*, Nadja Bieletzki, Roland Bloch, Tim Flink, Martina Franzen, Angela Graf, Michael Hölscher, Ines Hülsmann, Anna Kosmützky, Anne K. Krüger, Alexander Mayer, Frank Meier, Ruth Müller, Stefan Priester, Martin Reinhart, Simone Rödder, Christian Schneickert, Kathia Serrano Velarde

Wissenschaft und Universität sind seit langem Gegenstand verschiedener soziologischer Teildisziplinen. In den letzten Jahren ist im deutschen Sprachraum, abweichend von der internationalen Nomenklatur, vermehrt von »Wissenschafts- und Hochschulforschung« die Rede, wenn ein Überbegriff für die diversen sozialwissenschaftlichen Perspektiven gesucht wird. So hat beispielsweise der Wissenschaftsrat 2014 ein Positionspapier zu den »institutionellen Perspektiven der empirischen Wissenschafts- und Hochschulforschung in Deutschland« veröffentlicht, und das Bundesministerium für Bildung und Forschung verantwortet seit 2016 eine Internetplattform (www.wihoforschung.de), auf der die Forschungslandschaft möglichst vollständig abzubilden versucht wird. Auch in der DGS-Sektion Wissenschafts- und Technikforschung wurden diese Debatten aufgegriffen, mit dem Ergebnis, dass innerhalb der Sektion ein Arbeitskreis Wissenschafts- und Hochschulforschung eingerichtet wurde.

All das ist deshalb nicht selbstverständlich, weil Wissenschafts- und Hochschulforschung traditionell unabhängig voneinander operieren. Auch

---

* Organisatoren des Workshops »Wissenschafts- und Hochschulforschung. Ansatzpunkte für eine interdisziplinäre Forschungsagenda«

im internationalen Kontext gibt es kaum Überschneidungspunkte zwischen den seit Jahrzehnten gut etablierten Feldern der *Science and Technology Studies* (STS) und der *Higher Education Studies* (HES). Dies hat vielfältige, nicht zuletzt historische Gründe (Krücken 2012), erstaunt aber insofern, als sich die Gegenstandsbereiche so offensichtlich überlappen. Vor diesem Hintergrund schlagen wir vor, von der kontingenten Differenzierung dieser Forschungsfelder abzusehen und jene Fragen und Themen herauszuarbeiten, die in der soziologischen Schnittmenge der beiden Gegenstandsbereiche liegen. Wir wollen damit bereits bestehende institutionelle Bemühungen zur stärkeren Verschränkung von Wissenschafts- und Hochschulforschung um einen stärker forschungslogisch begründeten Beitrag ergänzen.

Der vorliegende Text ist Resultat einer kollektiven Standortbestimmung im Rahmen eines von David Kaldewey und Julian Hamann organisierten und von der VolkswagenStiftung geförderten Workshops, der im Mai 2017 in Hannover stattfand. Die Teilnehmer der Veranstaltung waren eingeladen, am Beispiel der eigenen Forschung die Potenziale einer verstärkten Zusammenarbeit von Wissenschafts- und Hochschulforschung zu reflektieren. Die zentrale Rolle, die dabei der Soziologie zukommt, hat sich auf dem Workshop schon in der Vorstellungsrunde gezeigt, bei der deutlich wurde, dass sich die Teilnehmenden mehrheitlich als Soziolog/innen und damit nicht entweder als Wissenschaftsforscher/innen oder als Hochschulforscher/innen positionierten (obwohl die institutionellen Zugehörigkeiten dies teilweise nahegelegt hätten). Entsprechend kreisten die Diskussionen eben nicht nur um den Forschungsstand, sondern zeigten sehr schnell soziologisch relevante Forschungsperspektiven, die über den Tellerrand der beiden Forschungsfelder hinausreichen. Der in diesem Kreis unternommene Versuch, zukunftsträchtige Themen- und Analyseperspektiven zusammenzuführen, soll als Forschungsagenda und Absichtserklärung verstanden werden, die identifizierten Themen und Fragestellungen alsbald mit Leben zu füllen. Die Teilnehmer/innen des Workshops fungieren als Autor/innenkollektiv. Im Folgenden werden sieben Forschungsagenden vorgestellt, die den Austausch zwischen Wissenschafts- und Hochschulforschung anleiten können, bzw. erst in der Kooperation beider Felder überzeugend zu bearbeiten sind.

Agenda 1: Methodologien einer vergleichenden Wissenschafts- und Hochschulforschung

Der Vergleich ist eine alltägliche soziale Praxis (Tenbruck 1990) und ein konstitutives Moment sozialer Ordnung, das Distinktion ermöglicht und Unterschiede ebenso wie Gemeinsamkeiten sichtbar macht (Heintz 2010). Dementsprechend spielen in der Soziologie Vergleiche als »Erkenntnisinstrument« von Beginn an eine wichtige Rolle. Die Hochschulforschung hat sich seit Beginn ihrer Institutionalisierung in den 1960er Jahren für internationale Vergleiche interessiert (Teichler 1996), die seither einen kleinen, aber stetigen Teil der Hochschulforschung ausmachen (Kosmützky, Krücken 2014). Ähnliches gilt für die Policyforschung, die mit Blick auf Wissenschaft und Technologie internationale Vergleiche zieht (Flink, Schreiterer 2010) bzw. die europäische Integration und Europäisierung erforscht (Flink 2016) sowie für die quantitativ orientierten STS, die auf vergleichende bibliometrische (Performanz-)Messungen setzen (Bowden 1995). Demgegenüber ist der qualitative Zweig der Wissenschaftsforschung traditionell stärker an historischen, insbesondere disziplinären Vergleichsperspektiven sowie der Untersuchung lokaler Kontexte orientiert (Shapin 1995).

Dezidiert vergleichende Forschungslinien sind jedoch sowohl in der Wissenschafts- als auch in der Hochschulforschung selten. Dabei können beide Disziplinen zum einen von einer Intensivierung vergleichender Forschung profitieren und zum anderen hinsichtlich ihrer Vergleichsperspektiven voneinander lernen. Komparative Perspektiven bieten besondere Beobachtungsmöglichkeiten, weil sie Zugriffe auf Untersuchungsobjekte im »Anderen« ermöglichen. Über die vergleichende Analyse von Gemeinsamkeiten und Differenzen lassen sich generelle Aspekte und allgemeine Muster erkennen, Spezifika herausarbeiten, die in einem Kontext, aber nicht in anderen Kontexten vorhanden sind, sowie Internationalisierungsprozesse und Globalisierungsdynamiken spiegeln.

Um dieses Potenzial zu nutzen und entsprechende Vergleichshorizonte zu eröffnen, sollten Forschungsgegenstände systematischer als bisher nach lokalen, nationalen, historischen, disziplinären, intersektoralen Aspekten oder nach Statusgruppen strukturiert und in Relation zueinander gesetzt werden. Vergleichende Perspektiven bringen zugleich besondere methodologische, methodische und forschungspraktische Anforderungen mit sich (Smelser 2013), die es in der Wissenschafts- und Hochschulforschung im Austausch mit benachbarten Feldern, vor allem komparativer Ausrichtung, zu entwickeln und zu reflektieren gilt (Kaelble, Schriewer 2003). Übergreifend ergibt sich auf diese Weise die Möglichkeit, die in den im Folgenden skizzierten Forschungsagenden angesprochenen Aspekte vergleichend zu untersuchen und so auch die Theoriebildung in der Wissenschafts- und Hochschulforschung voranzutreiben.

Agenda 2: Transformationen wissenschaftlicher Subjektpositionen

Kaum jemand bezweifelt, dass sich die Rolle des/der Wissenschaftler/in dramatisch gewandelt hat. Studien verweisen auf die ambivalenten Effekte, die leistungsorientierte Anreizstrukturen (Hicks 2012; Münch 2007; Fochler, Felt, Müller 2016), projektförmige Arbeitsformen (Besio 2009; Torka 2009) und organisierte Kontrolle (Strathern 2000; Schimank 2005) auf das professionelle Selbstverständnis von Forscher/innen haben. Zu den jüngeren Entwicklungen zählt, dass neben strukturellen Dimensionen zunehmend auch diskursive Erklärungsmomente berücksichtigt werden: Es geht um die Etablierung, Stabilisierung und Standardisierung diskursiver Positionen im Wissenschaftssystem, die als implizite Erwartungsstrukturen an die Forschenden herangetragen werden (Lamont, Kaufman, Moody 2000; Hamann 2016; Serrano Velarde 2018). Die »Professorin«, der »wissenschaftliche Mitarbeiter« und die »Studentin« werden eben nicht länger nur als Statuspositionen in der Organisation der Universität begriffen. Vielmehr handelt es sich um symbolisch definierte Positionen, von denen aus Aussagen getätigt werden und denen Rechte, Verantwortlichkeiten und Kompetenzen zugeschrieben werden können (Angermuller 2017).

Erstens eröffnet die diskursive Perspektive den Blick auf die Komplexität und Ambivalenz wissenschaftlicher Subjektformen. In der Auseinandersetzung unterschiedlicher Rollenverständnisse werden Wertekonflikte ersichtlich, die sich bis auf die Handlungsebene durchziehen. Die Thematik hält zweitens inhaltliche Bezugspunkte bereit, über die Wissenschafts- und Hochschulforschung in den Dialog treten können. Inwiefern schlagen sich aktuelle Veränderungen im Hochschul- und Wissenschaftssystem etwa in diskursiven Aushandlungs- und Zuschreibungspraktiken nieder? Welche latenten Erwartungsstrukturen gehen mit diskursiven Positionen wie »Autor/in« in Forschungsdiskursen, »Professor/in« in organisationalen Kontexten, »Antragsteller/in« in Drittmittelverfahren oder »Expert/in« im außerwissenschaftlichen Kontext einher, und auf welche Weise werden diese Erwartungsstrukturen für Subjekte handlungsrelevant?

Agenda 3: Transformationen der normativen Struktur der Wissenschaft

Die Frage nach konstitutiven Normen und Werten in der Universität und in der Wissenschaft stand in der frühen Wissenschaftssoziologie, idealtypisch bei Robert Merton, im Zentrum des Interesses (Merton 1985; Panofsky 2010). Allerdings wurde Mertons Beschreibung der normativen Struktur der Wissenschaft schon in den 1970er Jahren als idealisiert und programmatisch kritisiert (Mitroff 1974; Mulkay 1976). In den ersten Laborstudien und in der *Actor-Network-Theory* rückte eine praxis- und objektorientierte Analyse des wissenschaftlichen Arbeitens in den Vordergrund (Latour, Woolgar 1979; Latour 1987). Im Mainstream der *Science and Technology Studies* wurden Normen und Werte kaum noch explizit diskutiert, wohingegen in den feministischen STS die Wissenschaft als kulturelles Wertesystem ein kontinuierliches Forschungsthema darstellte (Traweek 1988; Haraway 1997). Ebenso blieben Werte ein wichtiger Referenzpunkt in einer Reihe von Studien zum kulturellen Wandel in Wissenschaft und Universität durch institutionelle Transformationen im Zuge des New Public Managements (Hackett 1990; Deem 1998; Strathern 2000; MacFarlane 2005).

Während also in der Wissenschaftssoziologie und STS ein größeres Interesse an der Kontextabhängigkeit, sozialen Funktion und historischen Transformation von Werten im Prozess der wissenschaftlichen Wissensproduktion besteht, ist die Frage nach der Bedeutung von Werten in der Wissenschaftsphilosophie, insbesondere in der neueren *Social Epistemology*, für das Problem der Theoriewahl (Schurz, Carrier 2013) oder für epistemische Praktiken der Entscheidungsfindung (Solomon 2001; Reinhart 2012) diskutiert worden. Die Hochschulforschung erweitert diesen Fokus wiederum um Perspektiven, die Wertefragen im Kontext von Institutionen und professionellen Identitäten thematisieren (Schimank 2005; MacFarlane 2006).

Eine neue Agenda für die Wissenschafts- und Hochschulforschung ergibt sich, wenn diese Perspektiven zusammengeführt werden, um vor dem Hintergrund von intensiviertem forschungspolitischen Handeln und den damit einhergehenden Transformationen wissenschaftlicher Institutionen eine differenzierte empirische Untersuchung des Wandels von Werten und Normen in der wissenschaftlichen Praxis als Teil des organisationalen Felds der Hochschule voranzutreiben (Müller 2014). Es ginge entsprechend darum, die aus der Allgemeinen Soziologie bekannte Frage nach gesellschaftlichem Wertewandel für den Fall von Wissenschaft und Hochschule zu spezifizieren. An die Stelle abstrakter Überlegungen zu gesellschaftlichem Wandel treten dann konkrete Fragen zur Einbettung von Universität und Wissenschaft in die Gesellschaft (Maeße, Hamann 2016). Welche Werte kommen beispielsweise zur Geltung in der historischen Semantik von Forschungsbegriffen wie »basic research« (Schauz 2014) oder in neueren wissenschaftspolitischen Diskursen zu »frontier research«, »grand challenges« oder »responsible research and innovation«? (Flink, Kaldewey 2018) Welche Bedeutung haben neue Ideale und Ideen im Diskurs um die Universität, die gegenwärtig etwa in US-amerikanischen Debatten um den Campus als »Safe Space« zur Geltung kommen? (Kaldewey 2017) Was sind die Werte, die die Sozialisation von jungen Wissenschaftler/innen prägen? (Fochler, Felt, Müller 2016) Auf welche Werte rekurrieren Wissenschaftler/innen, die, teilweise überraschend plötzlich, konfrontiert sind mit einer wissenschaftsfeindlichen politischen Umwelt? Und welche Werteverschiebungen zeigen sich in aktuellen Debatten um wissenschaftliches Fehlverhalten oder gute wissenschaftliche Praxis?

Agenda 4: Bewertungspraktiken und Bewertungskonstellationen

Bewertungen sind seit jeher elementarer Bestandteil sowohl wissenschaftlicher Produktions- und Kommunikationsprozesse wie universitärer Entscheidungen. Mit neuen Formen der Governance von Wissenschaft und Hochschule (Grande et al. 2013) verändern sich auch Bewertungspraktiken; neue Formate der Leistungsbewertung treten hinzu, nicht zuletzt durch die Digitalisierung (Franzen 2015). Vor diesem Hintergrund beschäftigen sich Wissenschafts- wie Hochschulforschung – mit unterschiedlichen Schwerpunktsetzungen – mit Bewertungsphänomenen. In der Bewertungssoziologie stehen alltägliche Praktiken und Konstellationen ihrer Herstellung im Zentrum des Interesses (Camic, Gross, Lamont 2011;

Krüger, Reinhart 2016; Meier, Peetz, Waibel 2016). Während in der Wissenschaftsforschung beispielsweise die szientometrische Auseinandersetzung mit Indikatoren (Hicks et al. 2015), die qualitative Rekonstruktion von Bewertungspraktiken wie peer-review-Verfahren von Publikationen und Forschungsanträgen (Hirschauer 2005; Lamont 2009; Reinhart 2012) und die Effekte von Bewertungspraxen auf die wissenschaftliche Wissensproduktion (Müller, de Rijcke 2017) im Vordergrund stehen, interessieren in der Hochschulforschung unter anderem institutionelle Anpassungsreaktionen auf Rankings (Espeland, Sauder 2007; 2016) und andere Instrumente der Steuerung und Bewertung (Grande et al. 2013) ebenso wie deren Nutzung zur Positionierung von Studienprogrammen und ganzen Hochschulen (Bloch, Mitterle 2017).

Bewertungspraktiken und Bewertungsformate sind bereits für sich genommen ein wichtiger Forschungsgegenstand der Wissenschafts- und Hochschulforschung (Hamann, Beljean 2017). Darüber hinaus ist es vielversprechend, sie nicht isoliert zu betrachten, sondern zu untersuchen, wie sie miteinander verschränkt sind (Reinhart, Krüger, Heßelmann i.E.). Kommunizierte Bewertungen konkurrieren miteinander, sie gehen in neue Bewertungen ein, sie werden kritisiert, verwendet oder ignoriert. Bewertende werden selbst bewertet. Gerade dann, wenn abgeschätzt werden soll, welche Konsequenzen sich aus Bewertungspraktiken für die wissenschaftliche Wissensproduktion ergeben, müssen daher die Bewertungskonstellationen analysiert werden, in die sie eingebettet sind. Um hier zu einem adäquaten Bild zu gelangen, ist es nötig, die Diskussionsstränge von Wissenschafts- und Hochschulforschung zusammenzuführen.

Aus der wissenschafts- und hochschulbezogenen Diskussion sind bereits wichtige Impulse für die breitere soziologische Auseinandersetzung mit Phänomenen der Bewertung, des Wertens und Bewertens ausgegangen. Wir schlagen vor, die Verknüpfung zur Allgemeinen Soziologie und zu anderen Bindestrichsoziologien über das Bewertungsthema weiter zu vertiefen. In einer solchen Perspektive bietet es sich an, einerseits Phänomene der Bewertung in unterschiedlichen gesellschaftlichen Feldern zu vergleichen, andererseits Verschränkungen von Bewertungen unterschiedlicher Felder zu untersuchen.

Agenda 5: Macht und Ungleichheit in Wissenschaft und Hochschule

Für Macht und Ungleichheit sensible Perspektiven zeigen, wie Akteure in der Wissenschaft und im organisationalen Kontext von Hochschulen versuchen, ihre Positionen zu verbessern oder zu verteidigen. Die damit verknüpften Fragen zu Phänomenen von Macht und Ungleichheit bei der Positionierung innerhalb des wissenschaftlichen Feldes liegen quer zu den Zuständigkeitsbereichen von Wissenschafts- und Hochschulforschung. Sie betreffen Auseinandersetzungen um Funktionsbedingungen und Regeln des Feldes (zum Beispiel Arbeitsbedingungen oder Leistungsmerkmale), ebenso wie Konkurrenz um knappe Ressourcen und begehrte Positionen (zum Beispiel Forschungsmittel oder Stellen). Die an diesen Kämpfen beteiligten Individuen verfügen, je nach persönlichen Dispositionen und Positionen im Feld, über äußerst ungleiche Erfolgschancen (Hartmann 2002; Möller 2015; Graf 2015).

Ihre soziale Geschlossenheit ist für die Wissenschaft besonders problematisch: Erstens widerspricht die Persistenz ungleicher Startchancen und einer sozial geschlossenen Wissenschaft dem egalitären, demokratischen und meritokratischen Selbstbild der Wissenschaft (Münch 2011). Zweitens ist das wissenschaftliche Feld nicht allein auf Forschung ausgerichtet, sondern reguliert über die Vergabe von höheren Bildungszertifikaten auch den Zugang zu den Spitzenpositionen der anderen gesellschaftlichen Felder und damit zu den höchsten Positionen in der Gesellschaft insgesamt (Stock 2016). Höhere Bildung und Wissenschaft sind daher gesellschaftlich und politisch sehr stark umkämpft. Empirische Studien haben in den letzten Jahren auf die nach wie vor stabile bzw. zunehmende soziale Exklusivität von Hilfskräften (Schneickert 2013), Promovierenden (Lenger 2008; Jakstat 2014), Professor/innen (Möller 2015), der Wissenschaftselite (Graf 2015) ebenso wie von spezifischen Hochschulen (Mitterle, Stock 2015) hingewiesen.

Die sich aus diesen Befunden ergebenden Anschlussfragen müssen von Wissenschafts- und Hochschulforschung gemeinsam bearbeitet werden. Wir schlagen vor, sowohl den Wandel von Herrschaftsverhältnissen dezidierter in den Blick zu nehmen, als auch subtile Mechanismen und Prozesse der Vermachtung und der Reproduktion von Ungleichheit in Wissenschaft und Hochschule zu fokussieren. Angesichts zunehmender vertikaler und horizontaler Differenzierungen im wissenschaftlichen Feld und den zwischen organisationalen Positionen variierenden Anforderungen, Sicherheiten und Handlungsmöglichkeiten stellt sich außerdem die Frage der sozialen Kohärenz und Kohäsion: Welche Rolle spielen Macht und Ungleichheit für die Persistenz und (relative) Stabilität von Wissenschaft und Hochschule als sozialen Feldern? Wie gestalten und verändern sich Beziehungskonstellationen und Konfliktlinien im Spannungsfeld zwischen Individuum, Scientific Community und Hochschulen als zunehmend strategisch handelnden organisationalen Akteuren (Bloch et al. 2018)?

Agenda 6: Soziologie der Sozial- und Geisteswissenschaften

Die Wissenschaftssoziologie im Allgemeinen und die STS im Besonderen sind bis heute fast ausschließlich auf die Natur-, Technik- und Lebenswissenschaften ausgerichtet (vgl. nur Hackett et al. 2008; Maasen et al. 2012). Die damit einhergehende Orientierung an tendenziell naturwissenschaftlichen und neuerdings auch verstärkt an »technowissenschaftlichen« Idealen ist möglicherweise nur bedingt für die Analyse der Sozial- und Geisteswissenschaften geeignet (Garforth 2011). Dies gilt beispielsweise für die Untersuchung wissenschaftlichen Wissens in Form von Paradigmen (Kuhn 1962; Abbott 2001), für die bibliometrische Messung von Forschungsleistungen (Archambault et al. 2006), für Labore als zentrale Räume der Wissensproduktion (Latour, Woolgar 1979) oder für das Verhältnis Wissenschaft und (medialer) Öffentlichkeit (Osrecki 2011; Franzen, Rödder 2013). Für die deutschsprachige Wissenschaftsforschung ermöglicht der Begriff »Wissenschaft« einen ganz eigenen, möglicherweise sogar instruktiven Orientierungsrahmen für die internationale Debatte um die »disunity of science« (Galison, Stump 1996).

Vor diesem Hintergrund sind die Chancen einer bislang eher zaghaft verlaufenden Ausweitung des Gegenstandsbereichs auf die Sozial- und Geisteswissenschaften zu eruieren (Hamann 2015; Froese, Simon, Böttcher 2016). Hier kann die Wissenschaftsforschung von der Hochschulforschung lernen, die sich über den Bezugspunkt der Universität an einem dort historisch gewachsenen Bestand von Fächern orientiert und entsprechend immer schon auch die Sozial- und Geisteswissenschaften im Blick hatte. Allerdings stellt sich mit Blick auf die Verwurzelung der Sozial- und Geisteswissenschaften im Organisationsumfeld der Universität die Frage, inwiefern es sich hier in Zeiten gesteigerter Nützlichkeitsansprüche (noch) um einen Schutzraum für diese Fächergruppen handelt. Durch eine systematische Ausweitung ihres Gegenstandsbereichs auf die Sozial- und Geisteswissenschaften geraten für die Wissenschaftsforschung andere Kommunikationsformen (zum Beispiel Publikations- und Zitationskulturen), epistemische Konventionen (zum Beispiel Methoden, Gütekriterien) und alternative Orte der Wissensproduktion in den Fokus (zum Beispiel Bibliotheken, Museen). Auch die Wahl der Methodologien in den jeweiligen Fächern lohnt eine tiefergehende wissenschaftsreflexive Beschäftigung, gerade mit Blick auf die aktuellen Debatten um *Big Data* und *Digital Humanities*. Zugleich besteht für verschiedene, insbesondere geisteswissenschaftliche Disziplinen eine im Vergleich zu den Naturwissenschaften viel stärker ausgeprägte Wechselwirkung mit nationalstaatlichen Kontexten (Berger 1995; Reinhart 2016; Gengnagel, Hamann 2014). Inwieweit die neu gewonnene Vielfalt des Gegenstandsbereichs mit Theorien und Methoden der *Science and Technology Studies* und der *Higher Education Studies* erforscht werden kann, und inwieweit ganz andere Zugänge notwendig und möglich sind, ist eine offene Frage.

Agenda 7: Wissenssoziologie der Wissenschafts- und Hochschulpolitik

Wissenschafts- und Hochschulpolitik sind verhältnismäßig junge Politikfelder, die zudem historisch lange Zeit in eins fielen (Stichweh 2013). Erst im frühen 20. Jahrhundert differenziert sich eine von der Hochschulpolitik unabhängige Forschungspolitik aus, und erst in der Nachkriegszeit wird die gesamtgesellschaftliche Relevanz dieser Politikfelder in allen Industriestaaten deutlich. Der späten Institutionalisierung entspricht eine noch später einsetzende sozialwissenschaftliche Reflexion: Zwar erscheinen einzelne Beiträge zwischen den 1960er und 1980er Jahren, aber erst in den 1990ern konsolidiert sich ein eigenständiges Forschungsfeld der *Science Policy Studies*, welches dann nach der Jahrtausendwende mit der Innovationsforschung fusioniert wird – die Rede ist heute beispielsweise von *Science Policy and Innovation Studies* (SPIS) (Martin 2012). Eine äquivalente Institutionalisierung in Deutschland hat bislang nicht stattgefunden. Insgesamt kann heute jedoch von einem soliden interdisziplinären Forschungszusammenhang gesprochen werden, der sich mit nationalen und internationalen wissenschaftspolitischen Akteuren, Organisationen und Programmen beschäftigt. Der Fokus auf Akteure, Organisationen und Programme bleibt allerdings in einer Hinsicht unbefriedigend: Es wird meist nicht weiter reflektiert, dass und wie wissenschaftspolitisches Handeln auf spezifischen Wissensformen basiert, die nicht nur definieren, was in welcher Weise zu regulieren bzw. regulierbar ist, sondern die zugleich, oft implizit, grundlegende Annahmen und Erfahrungen über das (nationale und globale) Wissenschafts- und Hochschulsystem transportieren. Notwendig ist vor diesem Hintergrund eine Wissenssoziologie der Wissenschafts- und Hochschulpolitik, die sich mit der Frage beschäftigt, welches Wissen dem wissenschaftspolitischen Handeln im Wissenschafts- und Hochschulsystem zugrunde liegt. Damit ist zugleich die Frage nach der Rolle und der Relevanz der Wissenschafts- und Hochschulforschung selbst aufgeworfen: Wie verhält sich das (Praxis-)Wissen von Akteur/innen im Feld zu dem von der Wissenschafts- und Hochschulforschung produzierten (Expert/innen-)Wissen? Je nach Blickwinkel bzw. Systemreferenz stellen sich weitere Fragen: Wie wirkt das der Wissenschafts- und Hochschulpolitik implizit oder explizit zugrundeliegende Wissen auf Wissenschaft und Hochschule zurück, die immer auch Gegenstand von politischer Regulierung sind (Grande et al. 2013)? Wie responsiv reagieren Wissenschaft und Hochschule auf gesellschaftliche Anforderungen und Problemlagen, und wie responsiv ist andererseits die Politik im Hinblick auf wissenschaftliche Erkenntnisse und Entwicklungen (Matthies, Simon, Torka 2015)?

Ausblick

Quer zu den sieben Agenden entfaltet die Standortbestimmung eine selbstreflexive Perspektive auf Wissenschafts- und Hochschulforschung. In den Diskussionen während des initialen Workshops wurde beispielsweise deutlich, dass sich beide Felder – oder zumindest: bestimmte Strömungen in ihnen, und dies wiederum in unterschiedlichem Ausmaß – lange Zeit in gewisser Isolation zu international etablierten Diskussionskontexten entwickelt haben. Damit stellt sich die Frage nach einer verstärkten internationalen Orientierung, wobei zugleich zu überlegen ist, ob es einen spezifizierbaren Mehrwert einer »deutschsprachigen Tradition« gibt, den es in die internationale Diskussion einzuspeisen gilt. Um den Austausch von Wissenschafts- und Hochschulforschung innerhalb der Soziologie nicht allein inhaltlich und forschungspraktisch, sondern auch organisational zu unterstützen, haben Mitglieder des Autor/innenkollektivs den Arbeitskreis »Wissenschafts- und Hochschulforschung« in der DGS-Sektion Wissenschafts- und Technikforschung gegründet. Dieser soll ein offener, von Einzelpersonen abgekoppelter Kontext sein, aus dem dezentral weitere Initiativen zur forschungsbezogenen Kopplung von Wissenschafts- und Hochschulforschung hervorgehen können.

Literatur

Abbott, A. 2001: Chaos of Disciplines. London, Chicago: Chicago University Press.

Angermuller, J. 2017: Academic Careers and the Valuation of Academics. A Discursive Perspective on Status Categories and Academic Salaries in France as Compared to the U.S., Germany and Great Britain. Higher Education, 73. Jg., Heft 6, 963–980.

Archambault, É., Vignola Gagné, É., Côté, G., Larivière, V., Gingras, Y. 2006: Benchmarking Scientific Output in the Social Sciences and Humanities: The Limits of Existing Databases. Scientometrics, Band 68, Heft 3, 329–342.

Berger, S. 1995: Historians and Nation-Building in Germany after Reunification. Past & Present 148, 187–222.

Besio, C. 2009: Forschungsprojekte. Zum Organisationswandel in der Wissenschaft. Bielefeld: transcript.

Bloch, R., Mitterle, A. 2017: On Stratification in Changing Higher Education: The »Analysis of Status« Revisited. Higher Education, 73. Jg., Heft 6, 929–946.

Bloch, R., Mitterle, A., Paradeise, C., Peter, T. (Hg.) 2018: Universities and the Production of Elites. Discourses, Policies, and Strategies of Excellence and Stratification in Higher Education. Palgrave Studies in Global Higher Education. London: Palgrave Macmillan.

Bowden, G. 1995: Coming of Age in STS: Some Methodological Musings. Handbook of Science and Technology Studies. In S. Jasanoff, G.E. Markle, J.C. Peterson, T.J. Pinch (Hg.), Handbook of Science and Technology Studies. London: Sage, 64–79.

Camic, C., Gross, N., Lamont, M. (Hg.) 2011: Social Knowledge in the Making. Chicago: University of Chicago Press.

Deem, R. 1998: »New Managerialism« and Higher Education. The Management of Performances and Cultures in Universities in the United Kingdom. International Studies in Sociology of Education, 8. Jg., Heft 1, 47–70.

Espeland, W., Sauder, M. 2007: Rankings and Reactivity: How Public Measures Recreate Social Worlds. American Journal of Sociology, 113. Jg., Heft 1, 1–40.

Espeland, W., Sauder, M. 2016: Engines of Anxiety. Academic Rankings, Reputation, and Accountability. Russell Sage Foundation.

Flink, T. 2016: Die Entstehung des Europäischen Forschungsrates: Marktimperative, Geostrategie, Frontier Research. Weilerswist: Velbrück Wissenschaft.

Flink, T., Schreiterer, U. 2010: Science Diplomacy at the Intersection of S&T Policies and Foreign Affairs: Toward a Typology of National Approaches. Science and Public Policy, 37. Jg., Heft 9, 665–677.

Flink, T., Kaldewey, D. 2018: The New Production of Legitimacy. STI Policy Discourses beyond the Contract Metaphor. Research Policy, 47. Jg., Heft 1, 14–22.

Fochler, M., Felt, U., Müller, R. 2016: Unsustainable Growth, Hyper-Competition, and Worth in Life Science Research: Narrowing Evaluative Repertoires in Doctoral and Postdoctoral Scientists' Work and Lives. Minerva, 54. Jg., Heft 2, 175–200.

Franzen, M. 2015: Der Impact Faktor war gestern. Altmetrics und die Zukunft der Wissenschaft. Themenheft: Der impact des impact factors, Soziale Welt, 66. Jg., Heft 2, 225–242.

Franzen M., Rödder S. 2013: Die Herstellung und Darstellung von Wissen unter Medialisierungsbedingungen. Eine vergleichende Betrachtung von Mathematik, Zeitgeschichte und Molekularbiologie. In E. Grande, D. Jansen, O. Jarren, A. Rip, U. Schimank, P. Weingart (Hg.), Neue Governance der Wissenschaft. Reorganisation – externe Anforderungen – Medialisierung. Bielefeld: transcript, 337–361.

Froese, A., Simon, D., Böttcher, J. (Hg.) 2016: Sozialwissenschaften und Gesellschaft. Neue Verortungen von Wissenstransfer. Bielefeld: transcript.

Galison, P., Stump, D.J. (Hg.) 1996: The Disunity of Science. Boundaries, Contexts, and Power. Stanford: Stanford University Press.

Garforth, L. 2011: In/Visibilities of Research: Seeing and Knowing in STS. Science, Technology, & Human Values, 37. Jg., Heft 2, 264–285.

Gengnagel, V., Hamann, J. 2014: The Making and Persisting of Modern German Humanities. Balancing Acts between Autonomy and Social Relevance. In R. Bod, J. Maat, T. Weststeijn (Hg.), The Making of the Humanities III. The Modern Humanities. Amsterdam: Amsterdam University Press, 641–654.

Graf, A. 2015: Die Wissenschaftselite Deutschlands. Sozialprofil und Werdegänge zwischen 1945 und 2013. Frankfurt am Main: Campus.

Grande, E., Jansen, D., Jarren, O., Rip, A., Schimank, U., Weingart, P. (Hg.) 2013: Neue Governance der Wissenschaft. Reorganisation – externe Anforderungen – Medialisierung. Bielefeld: transcript.

Hackett, E.J. 1990: Science as Vocation in the 1990s. The Changing Organizational Culture of Academic Science. Journal of Higher Education, 61. Jg., Heft 3, 241–279.

Hackett, E.J., Amsterdamska, O., Lynch, M., Wajcman, J. (Hg.) 2008: The Handbook of Science and Technology Studies. Cambridge, MA: MIT Press.

Hamann, J. 2015: Die Geisteswissenschaften und ihr Bildungsdiskurs. Zur Kartierung eines vernachlässigten Gebiets der Wissenschaftssoziologie. Zeitschrift für Soziologie, 44. Jg. Heft, 180–196.

Hamann, J. 2016: »Let us salute one of our kind«. How Academic Obituaries Consecrate Research Biographies. Poetics, Heft 56, 1–14.

Hamann, J., Beljean, S. 2017: Academic Evaluation in Higher Education. In P. Teixeira, J.C. Shin (Hg.), Encyclopedia of International Higher Education Systems and Institutions. Dordrecht: Springer, https://doi.org/10.1007/978-94-017-9553-1_295-1.

Haraway, D. 1997: Modest_Witness@Second_Millenium.FemaleMan©_Meets_Oncomouse™. New York: Routledge.

Hartmann, M. 2002: Der Mythos von den Leistungseliten. Spitzenkarrieren und soziale Herkunft in Wirtschaft, Politik, Justiz und Wissenschaft. Frankfurt am Main: Campus.

Heintz, B. 2010: Numerische Differenz. Überlegungen zu einer Soziologie des (quantitativen) Vergleichs. Zeitschrift für Soziologie, 39. Jg., Heft 3, 162–181.

Hicks, D. 2012: Performance-based University Research Funding Systems. Research Policy, 41. Jg., Heft 2, 251–261.

Hicks, D., Wouters, P., Waltman, L., Rijcke, S. de, Rafols, I. 2015: The Leiden Manifesto for Research Metrics. Nature, Band 520, Ausgabe 7548, 429–431.

Hirschauer, S. 2005: Publizierte Fachurteile. Lektüre und Bewertungspraxis im Peer Review. Soziale Systeme, 11. Jg., Heft 1, 52–82.

Jaksztat, S. 2014: Bildungsherkunft und Promotion: Wie beeinflusst das elterliche Bildungsniveau den Übergang in die Promotionsphase? Zeitschrift für Soziologie, 43. Jg., Heft 4, 286–301.

Kaelble, H., Schriewer, J. (Hg.) 2003: Vergleich und Transfer: Komparatistik in den Sozial-, Geschichts- und Kulturwissenschaften. Frankfurt am Main, New York: Campus, 469–493.

Kaldewey, D. 2017: Der Campus als »Safe Space«. Zum theoretischen Unterbau einer neuen Bewegung. Mittelweg 36, 26. Jg., Heft 4/5, 132–153.

Kosmützky, A., Krücken, G. 2014: Growth or Steady State? A Bibliometric Focus on International Comparative Higher Education Research. Higher Education, 67. Jg., Heft 4, 457–472.

Krücken, G. 2012: Hochschulforschung. In S. Maasen, M. Kaiser, M. Reinhart, B. Sutter (Hg.), Handbuch Wissenschaftssoziologie. Wiesbaden: Springer VS, 265–276.

Krüger, A.K., Reinhart, M. 2016: Wert, Werte und (Be)Wertungen. Eine erste begriffs- und prozesstheoretische Sondierung der aktuellen Soziologie der Bewertung. Berliner Journal für Soziologie, 26. Jg., Heft 3/4, 485–500.

Kuhn, T.S. 1962: The Structure of Scientific Revolutions. Chicago: University of Chicago Press.

Lamont, M. 2009: How Professors Think. Inside the Curious World of Academic Judgment. Cambridge, MA: Harvard University Press.

Lamont, M., Kaufman, J., Moody, M. 2000: The Best of the Brightest: Definitions of the Ideal Self Among Prize-Winning Students. Sociological Forum, 15. Jg., Heft 2, 187–224.

Latour, B. 1987: Science in Action. How to Follow Scientists and Engineers through Society. Milton Keynes: Open University Press.

Latour, B., Woolgar, S. 1979: Laboratory Life. The Construction of Scientific Facts. Beverly Hills: Sage.

Lenger, A. 2008: Die Promotion. Ein Reproduktionsmechanismus sozialer Ungleichheit. Konstanz: UVK.

Maasen, S., Kaiser, M., Reinhart, M., Sutter, B. (Hg.). 2012: Handbuch Wissenschaftssoziologie. Wiesbaden: Springer VS.

MacFarlane, B. 2005: The Disengaged Academic. The Retreat from Citizenship. Higher Education Quarterly, 59. Jg., Heft 4, 296–312.

MacFarlane, B. 2006: The Academic Citizen. The Virtue of Service in University Life. New York: Routledge.

Maeße, J., Hamann, J. 2016: Die Universität als Dispositiv. Die gesellschaftliche Einbettung von Bildung und Wissenschaft aus diskurstheoretischer Perspektive. Zeitschrift für Diskursforschung, 4. Jg., Heft 1, 29–50.

Martin, B.R. 2012: The Evolution of Science Policy and Innovation Studies. Research Policy, 41. Jg., Heft 7, 1219–1239.

Matthies, H., Simon, D., Torka, M. (Hg.) 2015: Die Responsivität der Wissenschaft. Wissenschaftliches Handeln in Zeiten neuer Wissenschaftspolitik. Bielefeld: transcript.

Meier, F., Peetz, T., Waibel, D. 2016: Soziologie der Bewertung. Berliner Journal für Soziologie, 26. Jg., Heft 3/4, 307–328.

Merton, R.K. 1985: Die normative Struktur der Wissenschaft. In: Entwicklung und Wandel von Forschungsinteressen. Aufsätze zur Wissenschaftssoziologie. Frankfurt am Main: Suhrkamp, 86–99.

Mitroff, I.I. 1974: Norms and Counter-Norms in a Select Group of the Apollo Moon Scientists. A Case Study of the Ambivalence of Scientists. American Sociological Review, 39. Jg., Heft 4, 579–595.

Mitterle, A., Stock, M. 2015: »Exklusive Hochschulen« – Instrumentelle Rationalisierung und Rangdifferenzierung im deutschen Hochschulwesen am Beispiel von Business Schools. In S. Rademacher, E. Stölting, A. Wernet (Hg.), Bildungsqualen. Kritische Einwürfe zum pädagogischen Zeitgeist. Wiesbaden: Springer VS, 185–206.

Möller, C. 2015: Herkunft zählt (fast) immer. Soziale Ungleichheiten unter Universitätsprofessorinnen und -professoren. Weinheim, Basel: Beltz Juventa.

Mulkay, M. 1976: Norms and Ideology in Science. Social Science Information, 15. Jg., Heft 4/5, 637–656.

Müller, R. 2014: Postdoctoral Life Scientists and Supervision Work in the Contemporary University. A Case Study of Changes in the Cultural Norms of Science. Minerva, 52. Jg., Heft 3, 329–349.

Müller, R., de Rijcke S. 2017: Thinking with Indicators. Exploring the Epistemic Impacts of Academic Performance Indicators in the Life Sciences. Research Evaluation, 26. Jg., Heft 4, 361–361.

Münch, R. 2007: Die akademische Elite. Zur sozialen Konstruktion wissenschaftlicher Exzellenz. Frankfurt am Main: Suhrkamp.

Münch, R. 2011: Akademischer Kapitalismus. Über die politische Ökonomie der Hochschulreform. Frankfurt am Main: Suhrkamp.

Osrecki F. 2011: Die Diagnosegesellschaft. Zeitdiagnostik zwischen Soziologie und medialer Popularität. Bielefeld: transcript.

Panofsky, A. L. 2010: A Critical Reconsideration of the Ethos and Autonomy of Science. In C. Calhoun (Hg.), Robert K. Merton. Sociology of Science and Sociology as Science. New York: Columbia University Press, 140–163.

Reinhart, M. 2012: Soziologie und Epistemologie des Peer Review. Baden-Baden: Nomos.

Reinhart, M. 2016: Rätsel und Paranoia als Methode. Vorschläge zu einer Innovationsforschung der Sozialwissenschaften. In A. Froese, D. Simon, J. Böttcher (Hg.), Sozialwissenschaften und Gesellschaft. Neue Verortungen von Wissenstransfer. Bielefeld: transcript, 159–192.

Reinhart, M., Krüger, A.K., Heßelmann, F. i.E.: Nach der Bewertung ist vor der Bewertung. Sichtbarkeit und Emotionalität als verbindende Elemente in Bewertungsprozessen. In M. Endreß et al. (Hg.), Evaluation. Beiträge zu einer vergleichenden Soziologie des Bewertens. Wiesbaden: VS.

Schauz, D. 2014: What is Basic Research? Insights from Historical Semantics. Minerva, 52. Jg., Heft 3, 273–328.

Schimank, U. 2005: »New Public Management« and the academic profession. Reflections on the German Situation. Minerva, 43. Jg., Heft 4, 361–376.

Schneickert, C. 2013: Studentische Hilfskräfte und MitarbeiterInnen. Soziale Herkunft, Geschlecht und Strategien auf dem wissenschaftlichen Feld. Konstanz: UVK.

Schurz, G., Carrier M. (Hg.) 2013: Werte in den Wissenschaften. Neue Ansätze zum Werturteilsstreit. Berlin: Suhrkamp.

Shapin, S., 1995: Here and Everywhere. Sociology of Scientific Knowledge. Annual Review of Sociology, 21. Jg., Heft 1, 289–321.

Serrano Velarde, K. 2018: The way we ask for money… Grant writing practices in academia 1975–2005. Minerva - A Review of Science, Learning and Policy, 56. Jg., Heft 1.

Smelser, N. 2013: Comparative Methods in the Social Sciences. New Orleans: Quid Pro Books.

Solomon, M. 2001: Social Empiricism. Cambridge, MA: MIT Press.

Stichweh, R. 2013: Differenzierung von Wissenschaft und Politik. Wissenschaftspolitik im 19. und 20. Jahrhundert. In R. Stichweh, Wissenschaft, Universität, Professionen. Soziologische Analysen. Neuauflage. Bielefeld: transcript, 135–150.

Stock, M. 2016: Arbeitskraft- und Stellentypisierungen. Organisationssoziologische Überlegungen zum Zusammenhang von Bildung und Beschäftigung. In M.S. Maier (Hg.), Organisation und Bildung. Theoretische und empirische Zugänge. Wiesbaden: Springer VS, 75–93.

Strathern, M. (Hg.) 2000: Audit Cultures. Anthropological Studies in Accountability, Ethics and the Academy. London, New York: Routledge.

Teichler, U. 1996: Comparative Higher Education. Potentials and Limits. Higher Education, 32. Jg., Heft 4, 431–465.

Tenbruck, F.H. 1990: Die kulturellen Grundlagen der Gesellschaft: der Fall der Moderne. 2. Auflage, Opladen: Westdeutscher Verlag.

Torka, M. 2009: Die Projektförmigkeit der Forschung. Baden-Baden: Nomos.

Traweek, S. 1988: Beamtimes and Lifetimes. The World of High Energy Physicists. Cambridge, MA: Harvard University Press.

In eigener Sache:
Notizen zur Leser- und Leserinnenumfrage 2017

Im Herbst vergangenen Jahres haben wir Sie, unsere Leserinnen und Leser, gebeten, uns Auskunft über sich und Ihre Einschätzungen, Ansichten und Hinweise bezüglich der SOZIOLOGIE zu geben. Die Resonanz war beträchtlich und hat uns viele Eindrücke und Diskussionspunkte beschert, die wir für die Weiterentwicklung und Gestaltung der SOZIOLOGIE nutzen werden. Auf konkrete inhaltliche Anstöße und Neuerungen werden wir immer wieder hinweisen, wenn wir Ihre Anregungen und Kommentare in der Konzeption des Heftes umsetzen können. In diesem Beitrag präsentieren wir Ihnen einen ersten Überblick über die allgemeinen Ergebnisse.

Wer liest die SOZIOLOGIE eigentlich?

Wir haben gefragt und viele von Ihnen haben geantwortet: Genau ein Drittel der 3.103 DGS-Mitglieder der DGS (Stand Ende 2017) hat sich an unserer Umfrage beteiligt. Darüber hinaus haben 40 Nicht-Mitglieder unsere Fragen beantwortet und 294 Personen, die zu dieser Frage keine Angaben gemacht haben. 54,5 Prozent sind männlich, 42 Prozent weiblich, 503 Antwortende sind jünger als 40 (48%), 451 zwischen 40 und 65 (43%), und 96 älter als 65 Jahre (9%).

Die Frage nach der beruflichen Stellung gab (berechtigten) Anlass zur Kritik, da der Fokus in den Kategorien zu stark auf Berufswege in der Wissenschaft gerichtet war. Außeruniversitäre Berufsverläufe oder solche außerhalb der Wissenschaften fanden sich in unseren Vorgaben nicht wieder. Wir hatten uns an den Kategorien orientiert, die der Antrag auf Mitgliedschaft in der DGS anbietet und nehmen die Rückmeldung auch als Hinweis darauf, die Angemessenheit der hier genannten Kategorien hinsichtlich zunehmend diverser werdender Berufs- und Bildungswege zu prüfen.

Immerhin, exakt 1.000 Teilnehmerinnen und Teilnehmer konnten sich einer der angebotenen Antwortmöglichkeiten zuordnen, wobei ProfessorInnen und Post-Doc MitarbeiterInnen zusammen knapp zwei Drittel der Antwortenden stellten.

Welche berufliche Stellung haben Sie?

Professor/in	340	34,0%
Post-Doc	307	30,7%
Promovierende/r	115	11,5%
Wissenschaftl. Mitarbeiter/in ohne Promotion	108	10,8%
Student/in	68	6,8%
Promovierende/r ohne Stelle	33	3,3%
Juniorprofessor/in	16	1,6%
Wissenschaftliche Hilfskraft	13	1,3%

Warum lesen Sie die SOZIOLOGIE?

Die SOZIOLOGIE ist das Mitteilungsblatt der DGS. Daher ist es vor allem unsere Aufgabe, Sie über die Arbeit der DGS auf dem Laufenden zu halten, Informationen zugänglich zu machen und einen Überblick über die vielfältigen Aktivitäten der Sektionen, Ausschüsse und Gremien zu geben. Zwei Drittel unter Ihnen fühlen sich ausreichend informiert, ca. je zur Hälfte durch die SOZIOLOGIE und die Homepage der DGS. Eine mögliche altersspezifische Präferenz für die papierne oder digitale Form der Information zeigt sich in der Verteilung der Antworten nicht.

Immerhin Rund ein Drittel der Befragten votiert dafür, die inhaltliche Arbeit und Struktur der DGS stärker in der SOZIOLOGIE abzubilden. Hier wünschen Sie sich insbesondere mehr Informationen zu den spezifischen inhaltlichen Angeboten der DGS aber auch zur Arbeit der Sektionen und Ausschüsse.

Wir werden diese Anregungen aufnehmen und in Zukunft beispielsweise umfangreicher über die inhaltliche Arbeit der Ausschüsse berichten, wie wir es schon in Heft 1/2018 im Rahmen des Symposions »Soziologie und Schule« getan haben. Aber auch regelmäßige Informationen zur Mitgliederentwicklung und -struktur über die Ein- und Austritte hinaus werden wir künftig veröffentlichen. Und schließlich können wir das große Interesse an Informationen über die DGS und die Arbeit der Sektionen gleich an die dort aktiven Kolleginnen und Kollegen weiterreichen und dazu aufrufen, die Möglichkeit zur Veröffentlichung von Tagungsberichten und Informationen über die Arbeit der Sektionen weiter und gern auch intensiver zu nutzen. Wir sind uns bewusst, dass solche Texte nicht immer an erster Stelle der persönlichen Schreibpräferenzen stehen – aber die Umfrage zeigt doch, dass sie in der SOZIOLOGIE ein interessiertes und mit über 3.000 Abonnenten und Abonnentinnen enorm großes Fachpublikum erreichen.

Folgende Informationen über die DGS würde ich gerne in der SOZIOLOGIE ausführlicher vorfinden (Mehrfachnennungen möglich)

Angebote der DGS (z.B. studium.org, DGS-Kongresse)	226	62,8%
Arbeit der Gremien	221	61,4%
Arbeit der Sektionen	218	60,6%
Arbeit der Ausschüsse	172	47,8%
Struktur der DGS	157	43,6%
Mitgliederentwicklung und -struktur	145	40,3%
Termine der Gremiensitzungen	102	28,3%
Sonstiges (bitte angeben)	36	10,0%
N	*360*	

Was lesen Sie in der SOZIOLOGIE?

Die Rezeption des Heftes, die Sie in den Antworten auf diese Frage zum Ausdruck gebracht haben, freut uns, denn je nach Rubrik beachten nur zwischen 12 und 22% der Befragten die verschiedenen Beiträge im Heft selten oder nie. Den absolut höchsten Zuspruch erhielten die DGS-Nachrichten sowie die Calls und Tagungshinweise, die von insgesamt 86 bzw. 89 Prozent der Befragten oft bzw. gelegentlich gelesen werden. Oft oder zumindest gelegentlich lesen zudem 85 Prozent die Nachrichten aus der Soziologie und 87 Prozent die Artikel im redaktionellen Teil.

Das Interesse an den Berichten, Nachrichten und Tagungshinweisen entspricht den Aufgaben, die die SOZIOLOGIE als Mitgliederforum der DGS wahrnehmen soll und muss. Zugleich zeigt das hohe Interesse, dass eine Veröffentlichung von Calls for Papers in der SOZIOLOGIE ein großes Publikum erreicht – daher appellieren wir hier nicht nur an Sie als Leserinnen und Leser, sondern auch als Organisatorinnen und Organisatoren von Veranstaltungen: Schicken Sie uns Ihre Calls und Tagungshinweise zur

Veröffentlichung und Sichtbarmachung im Fach über die Grenzen der eigenen Community hinaus!

Die Wahl des für Ihre Hinweise (und Einreichfristen) passenden Heftes ist ganz einfach. Die SOZIOLOGIE erscheint immer zum Beginn eines Quartals, also Anfang Januar, Anfang April, Anfang Juli und Anfang Oktober. Damit Ihr Call aufgenommen werden kann, benötigen wir die Informationen sechs Wochen vor Erscheinen, also Mitte November, Mitte Februar, Mitte Mai und Mitte August.

Das große Interesse an den Fachbeiträgen im redaktionellen ersten Teil des Heftes bestärkt uns in unserer Arbeit. Dass dabei vor allem das Interesse am jeweiligen Thema (92%) und die Nähe zum eigenen Arbeitsbereich (77%) die Leseentscheidung motivieren, ist gut nachvollziehbar, und wir sind immer bemüht, hier Themen anzubieten, die ein möglichst breites Publikum ansprechen. Vor diesem Hintergrund verwundert es auch nicht, dass einige von Ihnen sich mehr Beiträge zu bestimmten Forschungsrichtungen wünschen, beispielsweise zu Migration, Raum- und Stadtsoziologie oder Ungleichheit. So verständlich diese Interessen sind, so wenig werden wir sie auch in Zukunft erschöpfend bedienen können. Wir sehen in der SOZIOLOGIE keine Forschungspublikation im engen Sinne. Wir können und wollen nicht mit der gut sortierten und differenzierten Landschaft soziologischer Fachzeitschriften um die Veröffentlichung aktueller Ergebnisse aus den vielfältigen Bereichen spezieller Soziologien konkurrieren.

Vielmehr stellen wir mit der SOZIOLOGIE ein Forum zur Verfügung, das dem Fach in seiner ganzen multiparadigmatischen Breite und praktischen Vielfalt einen Ort der gemeinsamen Debatte und Reflektion bietet. Unsere Rubriken verstehen sich daher als ein strukturierendes Angebot, um Themen und Inhalte zu verhandeln, die quer zum spezialisierten Tagesgeschäft einen reflexiven Blick auf die eigene Disziplin ermöglichen:

Soziologie in der Öffentlichkeit verhandelt Fragen nach der (Un)Wirksamkeit soziologischen Wissens ebenso wie nach dem öffentlichen Blick auf die Soziologie selbst.

Identität und Interdisziplinarität wiederum richtet den Blick nach innen auf unser notorisch etwas unaufgeräumt erscheinendes Fach, dessen auf Dauer gestellte Identitätssuche von den einen begrüßt und den anderen kritisiert wird. Gerne stellen wir in diesem Rahmen auch neue, experimentelle Gegenstände oder Fragestellungen vor, die nicht im

Kanon spezieller Soziologien und etablierter Zugänge aufgehen und so Vorschläge zur Erweiterung der disziplinären Perspektive formulieren.

Forschen, Lehren, Lernen schließlich richtet den Fokus weg von der Innen- oder Außenansicht auf die praktischen Aspekte der Vermittlung soziologischen Wissens, mit denen viele von uns als soziologisch Forschende, Lehrende und Lernende im professionellen Alltag konfrontiert sind.

Diese drei Schwerpunkte sollen es ermöglichen, über unsere Informationsfunktion in Bezug auf die Arbeit der DGS hinaus zu einer lebendigen Diskussionskultur im Fach beizutragen. Das heißt, anders als bei den etablierten deutschsprachigen und internationalen Journals sind nicht peer review und impact factor unsere Währung. Wir bieten vielmehr ein Format des offenen Austauschs von fachbezogenen Informationen und Positionen, dessen Stärke vor allem in seiner einzigartigen Reichweite liegt: Mit über 3.000 Lesern und Leserinnen erreichen wir einen großen Teil der deutschsprachigen soziologischen Community. Nutzen Sie das, indem Sie uns *einfach und formlos Ihre Beitragsvorschläge, Calls, Hinweise oder Sektionsberichte schicken*; wir freuen uns auf Ihre Einreichungen!

Haben Sie vielen, vielen Dank für Ihr außerordentliches Engagement bei der Beantwortung unserer Umfrage. In den offenen Fragen haben Sie uns über 700 Anregungen, Kommentare und Hinweise gegeben. Wir haben sie alle gelesen und werden viele davon in der Redaktion diskutieren, um die SOZIOLOGIE weiterzuentwickeln. Mit einem kleinen Augenzwinkern dokumentieren wir hier abschließend unsere Lieblings-Kommentare:

»ich bin gar nicht unzufrieden, ich kann mich nur nicht mehr daran erinnern«

»Danke für die tolle Arbeit :-)«

»Ich empfehle, die ›Soziologie‹ einzustellen«

»Eine Rubrik für Gastbeiträge von wirklich wichtigen Autoren wäre mal schön.«

»weiter so – und bleiben Sie uns erhalten!«

»Auch Gutes kann besser werden!«

»generell ist das graphische Bild doch sehr trocken.«

»Es tut mir leid, aber ich finde die Zeitschrift wirklich überhaupt nicht gut.«

»Soziologentag sollte mal wieder in Berlin, Frankfurt a.M. oder Hamburg sein.«

»Lebendig, informativ und nicht so langweilig! Weiter so!«

»Gut gemachte Umfrage«

»keine gute Umfrage«

»… Wirklich letzter Punkt: Mir liegt an der SOZIOLOGIE, deshalb schreibe ich hier relativ ausführlich die für mich wichtigsten Punkte auf. Also bitte verstehen Sie dies nicht als grundsätzliche Ablehnung, sondern eher als ein Ausdruck längerer Unzufriedenheit. Ich würde mich sehr freuen, wenn zumindest ein paar der Punkte diskutiert und ggf. umgesetzt würden. Beste Grüße«

Da können Sie sicher sein. Sie hören von uns.
Ihre Sina Farzin, Karin Lange und Sylke Nissen

Veränderungen in der Mitgliedschaft

Neue Mitglieder

Mehmet Mutlu Atci, M.A., Dresden
Roman Felde, M.A., Osnabrück
Dipl.-Päd. Manuel Freis, Saarbrücken
Marianne Heinze, Berlin
Dr. Sarah Hitzler, Bielefeld
Fausto Ignatov Vinueza, M.A., München
Aljoscha Jacobi, Berlin
Dr. Sven Kette, Luzern
Anna Krämer, M.A., Frankfurt am Main
Sabine H. Krauss, M.A., München
Mag. Dr. Heinz Leitgöb, Frankfurt am Main
Anika Meß, M.A., Kassel
Florian Sander, M.A., Bielefeld
Jana Schäfer, Berlin
Miriam Schäfer, M.A., Göttingen
Annika Spahn, M.A., Freiburg
Adrian Luca Totaro, Ludwigshafen
Miriam Trübner, M.A., Bonn

Neue studentische Mitglieder

Lukas Drögemeier, Göttingen
Norman Dürkop, Bielefeld
Till Hovestadt, Leipzig
Jakob Ladenhauf, Graz
Paul Sinzig, Frankfurt am Main
Philipp Wurm, Graz

Austritte

Dr. Stefanie C. Boulila, Göttingen
Magnus C.M. Brod, London
Dr. Bernhard Engel, Mainz
Stefan Fehser, Dresden
Dr. Ruben Dario Flores Sandoval, Moskau
Malte Hinrichsen, M.A., Hamburg
Dr. phil. Radoslaw Huth, Frankfurt am Main
Prof. Dr. Heide Inhetveen, Sulzbürg
Prof. Dr. Ulf Liebe, Bern
Dr. Michael Lohmann, Berlin
Daniel März, Hamburg
Prandies Nowshad-Soheili, Hannover
Prof. Dr. Lothar Peter, Bremen
Christian Rausch, M.A., Marburg
André Walter, M.A., St. Gallen

Sektion Biographieforschung

Jahrestagung »Das Politische im Biographischen« am 16. und 17. November 2017 an der Carl-von-Ossietzky Universität Oldenburg

Im Eröffnungsvortrag der Jahrestagung stellte *Martina Schiebel* (Oldenburg) auf Basis biographieanalytischer Studien und ihrer Forschungen zum biographischen Erleben und gegenwärtigen Umgang mit politischer Inhaftierung sechs Thesen vor, die die Bedeutung von Öffentlichkeit, Diskursen, Zeiterleben bis zu methodologischen Fragen bei der Rekonstruktion der Verknüpfungen von biographischen und politischen Prozessen verdeutlichten.

In der Arbeitsgruppe »Politische Partizipation von Migrant*innen« wurden die Forschungsergebnisse einer europäischen Studie des Instituts für Sozialforschung (Frankfurt am Main) über Partizipationsprozesse von Migrant*innen aus den Drittstaaten vorgestellt. *Irini Siouti* (Wien) stellte Projekt und Forschungsdesign der Studie vor und präsentierte Ergebnisse der Teilstudie über Partizipationsprozesse von Migrant*innen in politischen Parteien. *Maria Kontos* (Frankfurt am Main) beschäftigte sich mit der Partizipation von Migrant*innen in Gewerkschaften. Zuletzt diskutierte *Minna K. Ruokonen-Engler* (Frankfurt am Main), inwieweit die Partizipation in Elternbeiräten als biographischer Empowermentprozess verstanden werden kann.

Die Arbeitsgruppe »Politisch-Unpolitisch« eröffnete *Eva Bahl* (Göttingen) mit ihrem Beitrag »Guardia Civil und ihre Präsentation als ›unpolitischer‹ Akteur im Grenzraum von Ceuta und Melilla«, mit Fokus auf institutionsgeschichtlicher Genese und Handlungsrelevanz für Angehörige der Guardia Civil. Biographische Dimensionen politischer Orientierungen im Kontext sozialer Bewegungen war Gegenstand des Beitrags von *Sarah Thomsen* (Hamburg). Systematisch wurde der Zusammenhang zwischen biographischer Vorerfahrung und späterem politischem Engagement beleuchtet.

In der Arbeitsgruppe »Macht, Krieg, Gewalt und Herrschaftsverhältnisse« stellten *Kristina Meyer* und *Katharina Teutenberg* (Göttingen) politische Diskurse und biographische Erzählungen ehemaliger Bundeswehrsoldat*innen vor. Das »Weiterleben und Verschwinden des Politischen im intergenerationalen Verlauf« erläuterte *Maria Pohn-Lauggas* (Wien). Der Vergleich von Familien im Widerstand gegen den NS zeigte Prozesse der Entpolitisierung und Enthistorisierung sowie Relevanzverlust von kollektiven Organisationsformen. *Eva Mey, Milena Gehrig, Garabet Gül* und *Isabelle Steiner* (Zürich) präsentierten Ergebnisse ihrer Langzeitstudie zur gesellschaftlichen (Selbst-) Positionierung der sogenannten zweiten Migrationsgeneration in »Biographie als Ausdruck und Ort der Reproduktion und des Wandels symbolischer Macht- und Herrschaftsverhältnisse«.

In der Arbeitsgruppe »Auswirkungen politischer Verhältnisse Sozialstaat« stellte *Fabienne Rotzetter* (Nordwestschweiz) erste Erkenntnisse aus ihrem Dissertationsvorhaben »Wenn der Sozialstaat spart« vor und analysierte anhand narrativer Interviews mit chronisch Kranken die Auswirkungen politischer Sparmaßnahmen auf deren Biographien. *Niels Uhlendorf* (Lüneburg) diskutierte die »Zugehörigkeit durch Leistung im Neoliberalismus« hinsichtlich der Wechselwirkungen zwischen biographischer Verarbeitung und gouvernementalen Optimierungsanforderungen von bildungserfolgreichen Deutsch-Iraner*innen. *Dominik Wagner* (Gießen) ging mit »Das Sozialpolitische in den Biographien von Familien in Armut« auf den Wechsel vom fürsorgenden zum aktivierenden Sozialstaat ein.

Als Abendvortrag stellte *Rudolf Leiprecht* (Oldenburg) ein eindrucksvolles »(Familien-)biographisches Portrait« vor und reflektierte die methodologischen Herausforderungen der Nutzung von familienbiographischem Material für die sozialwissenschaftliche Forschung am Beispiel seiner Familiengeschichte.

Der zweite Tag begann mit der Forschungswerkstatt »Politisierungsprozesse und politische Rhetorik in der Identitären Bewegung« mit Material von *Alia Wielens* (Frankfurt am Main) und *Johanna Fröhlich* (Oldenburg). In zwei Forschungswerkstätten unter Leitung von Lena Inowlocki, Gerhard Riemann und Michela Köttig wurde das Fallmaterial rekonstruktiv ausgewertet und der Erkenntnisgewinn einer biographieanalytischen Vorgehensweise herausgearbeitet.

Anschließend wurden vier parallel stattfindende Arbeitsgruppen angeboten. In der Arbeitsgruppe 5 verdeutlichte *Nadja Thoma* (Wien) mit dem Thema »Zur politischen Dimension der (privaten) Entscheidung für ein Kopftuch« wie soziale, politische und religiöse Anerkennungs- und Zugehörigkeitsprozesse verwoben sein können. *Frank Beier* (Dresden) sprach über »Politische Verhältnisse und Biographien – zu den Aporien real-sozialistischer Selbst- und Weltbildkonstruktionen« und präsentierte Ergebnisse zu politisch inhaftierten Frauen und sein Modell der Biographieblockaden.

In der Arbeitsgruppe 6 »Politisierte Biographien im Kontext von Flucht und Migration« stellte *Hilal Akdeniz* (Frankfurt am Main) Ergebnisse ihrer Studie zur »Zugehörigkeit und Identität bei politischen Geflüchteten aus der Türkei« vor und ging auf die Entwicklung von Zugehörigkeit und Identität im Spannungsfeld der Wahrnehmung der Flucht als Neuanfang und der Enttäuschung von Erwartungen ein. »›Flüchtling sein‹ aus der Perspektive von aus Europa geflüchteten Syrer*innen« war das Beitragsthema von *Arne Worm* (Göttingen). Die Konfrontation mit Fremdbildern und bestehenden Diskursen über ›Flüchtlinge‹ führten bei den interviewten Syrer*innen mitunter zu einem differenzierten ›Fremdbildmanagement‹. *Isabella Enzler* (Göttingen) präsentierte »Prozessstrukturen freiwilliger Unterstützung von Geflüchteten« und fokussierte hierbei asymmetrische und durch ungleiche Machtchancen gekennzeichnete Interaktionsdynamiken und Transformationsmöglichkeiten.

Die Arbeitsgruppe 7 befasste sich mit dem Thema »Forschungsethische und forschungspraktische Herausforderungen«. *Joris A. Gregor* (Jena) stellte hier das Vorgehen »Queering Biographicity als method(olog)ischer Möglichkeitsraum für andersgeschlechtliche Biographien« vor, ein um Nicht-/Anders-/Zwischengeschlechtlichkeit erweiterter Ansatz der »Biographizität des Sozialen« (Alheit, Dausien). »Herausforderungen und Copingstrategien in Untersuchungen zu extremen Rechten« von *Alice Blum* (Gießen) nahm die Bedeutung der eigenen Involviertheit in Forschungsprozessen in den Fokus. *Jessica Lütgens* (Frankfurt am Main) thematisierte das »Forschen in politischen Bewegungen und Biographien«. Sie setzte sich mit dem Forschen in linksaffinen und -radikalen Gruppen auseinander und fragte nach der Relevanz forschungsethischer Prinzipien.

Die Arbeitsgruppe 8 thematisierte »Politisierungsprozesse/Biographisierung von Politischem«. *Dieter Nittel* und *Nikolaus Meyer* (beide Frankfurt am Main) rekonstruierten Berufsbiographien und präsentierten Ergebnisse in »Politisierungs- und Depolitisierungsprozesse in der Erwachsenenbildung im Spannungsfeld von Professionalisierung und Deprofessionalisierung«. »Biographische Wandlungen infolge einer sich transformierenden politischen Orientierung« war das Beitragsthema von *Johanna Sigl* (Lüneburg). Sie zeigte Gründe sowohl für die Zuwendung zu als auch Abkehr von extremen Rechten.

Die Jahrestagung endete mit einer Podiumsdiskussion zum Thema »Wie politisch ist Biographieforschung?«, an der *Ursula Apitzsch* (Frankfurt am Main), *Wolf-Dietrich Bukow* (Köln), *Helma Lutz* (Frankfurt am Main) sowie alle Tagungsteilnehmer*innen teilnahmen.

Erika E. Gericke

Sektion Familiensoziologie

Herbsttagung »Komplexe Partnerschafts- und Familienstrukturen« am 16. und 17. November 2017 in Köln

Im November 2017 fand an der Universität zu Köln die Herbsttagung der Sektion Familiensoziologie statt. Dabei ergab sich wieder ein reger fachlicher Austausch zwischen Forschenden mit zahlreichen theoretischen und empirischen – sowohl quantitativen als auch qualitativen – Beiträgen.

Die erste Session zu »Sozialer (Groß-)Elternschaft« startete am Donnerstagmittag und gab aus theoretischer und empirischer Perspektive einen Überblick über Stieffamilienkonstellationen und deren Beziehungskonstellationen. *Ferdinand Sutterlüty* und *Sarah Mühlbacher* (beide Frankfurt am Main) konzentrierten sich in ihrem Beitrag auf die Persistenz des Kleinfamilienmodells im Kindschafts- und Familienrecht. Im Anschluss daran präsentierte *Cynthia Degen* (Münster) Ergebnisse aus ihrem aktuellen Forschungsprojekt zur Beziehungspraxis im Alltag von Stieffamilien. Dabei wurden unterschiedlich komplexe bzw. konfliktbehaftete Fallbeispiele vorgestellt. Der Beitrag von *Laura Chlebos* (Bochum) beleuchtete Beziehungskonstellationen in Stieffamilien aus der Perspektive der Stiefmutter. Dazu wurden Alltagsbeschreibungen von Stiefmüttern in Beiträgen von verschiedenen Internetforen analysiert. Die Session endete mit dem Beitrag von *Anja Steinbach* (Duisburg-Essen) und *Merril Silverstein* (Syracuse), die auf Basis des Beziehungs- und Familienpanels die Beziehungen zwischen Stiefgroßeltern und Stiefenkelkindern analysiert haben. Dabei differenzieren die Autor*innen in den vorliegenden Beziehungskonstellationen zwischen einer direkten und einer indirekten Stiefgroßelternschaft.

Die zweite Session widmete sich unterschiedlichen Aspekten der Komplexität im familialen Lebensverlauf. Im ersten Vortrag präsentierte *Bernhard Nauck* (Chemnitz) Ergebnisse einer kulturvergleichenden Studie (China, Taiwan, Deutschland, USA) zu Koresidenzmustern während des Übergangs zum Erwachsenenalter. Die gemeinsam mit *Qiang Ren* (Peking) durchgeführte paneldatengestützte Untersuchung konnte erhebliche nationenspezifische Unterschiede selbst zwischen Ländern nachweisen, die gemeinhin einem gemeinsamen Kulturkreis zugeordnet werden. Der Beitrag von *Nicole Hiekel* (Köln) widmete sich der vermeintlichen Zunahme der Komplexität zeitgenössischer Paarbeziehungen mit einem Fokus auf das Phänomen der sogenannten seriellen Kohabitation. Die Vortragende konnte auf Basis der pairfam-Daten unter anderem zeigen, dass es sich dabei – entgegen weit verbreiteter Annahmen – weder um ein Massenphänomen, noch um eine Erscheinung handelt, die mit sozioökonomischer Benachteiligung einhergeht. *Michael Feldhaus* und *Monika Schlegel* (Oldenburg) stützten sich in ihrem Vortrag ebenfalls auf die Stichprobe des deutschen Familienpanels, haben allerdings im Rahmen eines Satellitenprojektes zusätzlich zu den quantitativen Daten reichhaltige qualitative Daten zum Thema berufliche Mobilität erhoben. Nur auf Basis dieses Materials konnten die Vortragenden das Zusammenspiel verschiedener Lebensbereiche im Kontext berufsbedingter Mobilität veranschaulichen und die sich daraus ergebenden positiven sowie negativen Konsequenzen für Paare und Familien skizzieren.

Die dritte Session am Freitagmorgen befasste sich mit nicht-traditionellen Partnerschafts- und Lebensformen. Der erste Vortrag von *Almut Peukert, Mona Motakef, Julia Teschlade* und *Christine Wimbauer* (alle Berlin) untersuchte Prozesse des »Doing Reproduction« und »Doing Family« in LGBTIQ-Familien. Hierzu präsentierten die Autoren Befunde ihrer qualitativen Studie. Der zweite Vortrag von *Theresa Manderscheid* (Oldenburg) betrachtete polyamouröse Beziehungen in Familien. Dabei verdeutlichte die Autorin insbesondere die Komplexität solcher Beziehungsstrukturen anhand von qualitativen Ergebnissen. Im letzten Vortrag referierte *Maria Burschel* (München) über Trennungen von Eltern in intentionalen Gemeinschaften. Sie identifizierte drei Trennungstypen, die sich hinsichtlich des Konflikt- und Paarverständnisses sowie der Handlungsebene voneinander unterscheiden.

In der letzten, vierten Session am Freitagvormittag beleuchteten drei Beiträge das Thema »komplexe Familienstrukturen und Kinder«. Im ersten Vortrag untersuchte *Petra Buhr* (Bremen) anhand von pairfam-Daten den Einfluss unterschiedlicher Herkunftsfamilienkonstellationen – erfasst über Geschwisterkonstellationen – auf die realistische Kinderzahl, auf das erwartete Alter bei der Erstgeburt sowie auf die realisierte Familiengründung. Die Analysen zeigten negative Effekte von Stief- und Halbgeschwistern auf die erwartete Kinderzahl, gleichzeitig jedoch beschleunigende Effekt auf die Realisierung der Familiengründung. Im zweiten Vortrag untersuchten *Désirée Bender* (Mainz) und *Sandra Eck* (München) anhand von qualitativen Interviews, die mittels *Grounded Theory* ausgewertet wurden, komplexe Co-Elternschaftskonstellationen mit mehreren – sozialen und/oder biologischen – Elternteilen, die untereinander nicht notwendigerweise Liebesbeziehungen unterhalten. Die Analysen deuteten auf ein hohes Maß an Planung und Reflexion sowie eine bewusste Entkopplung von Liebe und Elternschaft hin. *Sandra Krapf* (Köln) analysierte auf Basis von pairfam-Daten den Einfluss familialer Konstellationen nach elterlicher Trennung auf das Wohlbefinden der Kinder. Die Querschnittanalyse zeigte vergleichsweise schwache Zusammenhänge zwischen dem Partnerschaftsstatus der Mutter und kindlichen Verhaltensauffälligkeiten und -stärken, gemessen über den *Strengths and Difficulties Questionnaire* (SDQ).

Oliver Arránz Becker, Anne-Kristin Kuhnt,
Matthias Pollmann-Schult und Marcel Raab

Sektion Kultursoziologie

Nachwuchstagung »Mensch und Welt im Zeichen der Digitalisierung«

Digitalisierung ist ein ebenso prominentes wie vielfältiges Phänomen. Die als Nachwuchstagung des Arbeitskreises philosophische Anthropologie der Sektion Kultursoziologie sowie der Helmuth Plessner Gesellschaft am 18. und 19. Januar 2018 im Kunstraum der Leuphana Universität Lüneburg durchgeführte Veranstaltung systematisierte die Vielfalt dessen, was mit Digitalisierung verbunden wird, auf die Frage hin, wie sich der Mensch, verstanden als gerade nicht nur kognitive und nicht nur materiale, sondern beides verbindende exzentrische Positionalität eine Welt neu schafft, die ihn selbst potenziell überformt. VeranstalterInnen waren Johannes F. Burow, Lou-Janna Daniels, Gianna-Maria Henkel, Clemens Klinkhamer, Josefine Kulbatzki, Alexander Lange und Yannick Schütte als Studierende der Leuphana Universität Lüneburg sowie Anna Henkel.

Den Auftakt der Tagung machte *Gesa Lindemann* (Oldenburg) mit ihrem Vortrag über die Verschränkung von Leib und »Nexistenz«. Zu einer Matrix werde die digitale Raumzeit in dem Maße, in dem digitale Abbildungen dauerhaft gespeichert werden. Dabei sei problematisch, dass nur dasjenige in der Matrix existiert, was messbare Spuren hinterlässt. Im Anschluss wurde in einem ersten Vortragsblock unter dem Stichwort »Digitalisierte Mitwelt« gefragt, wie sich die Mitwelt im Zeichen der Digitalisierung verändert. *Lou-Janna Daniels* (Lüneburg) vertrat die These, dass Digitalisierung eine »Poly-Mitwelt« hervorbringt, die in der Innenwelt eine geteilte Wahrnehmung mit sich bringt. Dies führt mit einer eingeschränkten Wahrnehmung und in jeder einzelnen Mitwelt zu einer weniger intensiven Interaktion. *Gianna-Maria Henkel* (Lüneburg) schloss hier an mit einer Analyse des »Fear of Missing Out« (FoMO). Gerade Personen, die zu FoMO tendieren, betätigen sich wegen der leichten Erreichbarkeit in sozialen Netzwerken und erleben eine Verstärkung von FoMO.

Im zweiten Block wurde unter dem Stichwort »Exzentrische Positionalität+« die Frage diskutiert, inwieweit Digitalisierung eine neue Stufe des Organischen hervorbringe. *Johannes Frederik Burow* (Lüneburg) nahm dabei Bezug auf digitale Entitäten (durch Robotik verkörperte KI), die seiner Analyse nach nicht einmal die Stufe der exzentrischen Positionalität erreichen. *Alexander Lange* (Lüneburg) widmete sich mit Blick auf eine neue Stufe des Organischen dem Gegenstand der künstlichen Intelligenz. Er nahm hier das Programm »Alice in Wonderland« näher in den Blick und zeigte, wie hinter dem Programm die vier Spalten von Fakten, Hypothesen, Faktenfluss und manuellen Eingaben liegen. *Clemens Klinkhammer* (Lüneburg) schließlich untersuchte die künstliche Intelligenz »Sophia«. Der Vortrag zeigte, dass die anthropologischen Grundgesetze hier gerade nicht gelten und vielmehr von technischen Grundgesetzen gesprochen werden sollte.

Die Vorträge von Katharina Block und Jos de Mul führten diese Diskussion weiter. *Katharina Block* (Hannover) ging der Frage einer Überformung exzentrischer Positionalität im Zeichen der Digitalisierung nach. Ausgehend von der logischen Struktur der Positionalität argumentierte sie, dass mit dem Digitalen keine neue Form der »Doppelaspektivität« (im Sinne von Körper sein und Leib haben nach Plessner) entstehe, und machte stark, den Menschen als Bedeutungsform offen zu halten. *Jos de Mul* (Rotterdam) diskutierte in seinem Vortrag die Möglichkeit neuer Positionalitätsstufen und aktualisierte damit seine vielfach rezipierte These der *polyeccentricity*. Insgesamt gelte es, die Vielfalt von Phänomenen zu differenzieren und zwischen unterschiedlichen Typen der Positionalität zu unterscheiden. Den Abend beschloss *Frank Westermeyer* (Genf) mit Videoausschnitten aus gemeinsamen Arbeiten mit Sylvie Boisseau, etwa der Arbeit »Chinesisch von Vorteil«.

Am zweiten Konferenztag trug *Andreas Bischof* (Chemnitz) zur Robotik als *re-entry* der Leiblichkeit in der Digitalisierung vor. Während Roboter in Alltagsdiskursen als unmittelbares Gegenüber behandelt würden, zeigt der Blick in die Labore der Ingenieurinnen und Ingenieure, dass Roboter für Alltagswelten technisch nicht unmittelbar bevorstünden. Diese Diskrepanz mache deutlich, dass das Lösungspotenzial von Robotern weit überschätzt werde. Unter dem Stichwort »Selbstbeziehungen« wurde im Anschluss daran nach einer Veränderung von Innenweltverhältnissen im Kontext digitaler Identität gefragt. *Anna-Lena Kaiser* (Lüneburg) untersuchte das Phänomen der »social networking platforms«. Mit Bezug auf Plessners Unterscheidung der Innenwelt zwischen Erlebnis und Seele sowie der Außenwelt zwischen Leib und Körper zeigt sie, dass es mit Social-Networking Platforms zu einer Dissoziation zwischen Körper und Seele komme. *Josephine Kulbatzki* (Lüneburg) schließt hier an und fragt nach Auswirkungen der digitalen Selbstvermessung: Technik greife in den Vorgang des Bewusstwerdens des Selbst ein, indem sich das Selbst nun zumindest auch über sein digital optimiertes Abbild reflektiert. Dies führe zu einem Verlust des Selbstgefühls und zu einem Verlust eigenen Willens. *Jessica Sennholz* (Dresden) untersuchte die Etablierung und Konservierung personaler Identitäten im Netz. Gerade in den Fällen, in denen Technik sich als Antwort geriert, bestehe zumindest auch die Gefahr einer Beeinflussung des Menschen durch die Gesellschaft. Mit Fischer und Albrecht verweist sie auf »Sozioprudenz« im Umgang mit technischen Neuerungen (vgl. dazu Soziologie, 47. Jg., Heft 1, 2018, 74–83).

Im Weiteren wurden unter dem Stichwort »Umweltbeziehungen« die Wechselwirkungen zwischen Außenwelt und anderen Weltverhältnissen diskutiert. *Richard Paluch* (Oldenburg) behandelte die Frage, wie Hörgeräte und Umweltbeziehung aufeinander wirken. Mit dem Konzept der Co-Leiblichkeit schlug er vor, das Erleben der leiblichen Existenz anderer Entitäten einzubeziehen und nach dem Realitätserleben in virtuellen Welten zu fragen. *Saskia Menges* (Lüneburg) brachte mit dem Beispiel der Vermessung des Vesuv den Aspekt der Simulation geologischer Umwelten ein. Es wurde deutlich, dass sich im Zuge solcher Simulationen die Umwelt verändert und gerade darin die Grenzen technologischer Kontrolle deutlich werden. *Lukas Schmitz* (Dresden) schließlich diskutierte Grenzrealisierung im virtuellen Raum, wie sie in »Hatespeach« und »shitstorms« erfolgen. Es wurde deutlich, dass in der leiblichen Interaktion andere Regeln beachtet werden als im virtuellen Raum.

Unter dem Stichwort »theoretische Verbindungen« schlossen zwei Vorträge die Konferenz ab. *Yannick Schütte* (Lüneburg) führte mit Bezügen zu Nancy, Massumi oder Foucault aus, dass Digitalisierung auf die Vernetzung des Subjekts als Metapher für die Wesensart des Menschen hinweise. *Anna Henkel* (Leuphana) setzte am gesellschaftstheoretischen Potential von Plessners Ansatz an. Mit Plessner lasse sich nach der gesellschaftlichen

Formation fragen, die Digitalisierung hervorbringt und auf die Digitalisierung wiederum zurückwirkt. Abschließend wurde diskutiert, ob man von einer Vervielfältigung von Mitwelten überhaupt sprechen könne, inwieweit Interaktion und Gesellschaft im Konzept der Mitwelt analytisch zu differenzieren seien und wie der Leib die Anwesenheitserfahrung unter Bedingung eines technisch erweiterten Resonanzraums strukturiere. Digitalisierung führe zu einer Modifizierung von Möglichkeiten, die aber nicht »mehr Mensch« mit sich bringen, sondern angesichts eines »zuviel« an Möglichkeiten eher Manipulierbarkeit impliziere.

Anna Henkel

Sektion Soziologie der Kindheit

Gemeinsame Jahrestagung 2017 mit der Sektion Soziologie des Körpers und des Sports »Materialitäten der Kindheit: Körper – Räume – Dinge« vom 21. bis 23. September 2017 in Trier

In der Soziologie werden Fragen zur Materialität des Sozialen seit vielen Jahren intensiv diskutiert. Auch aus beiden an der Jahrestagung beteiligten Sektionen entstanden wesentliche Studien mit diesem Fokus, die zugleich aber auch auf bislang unbearbeitete Probleme verweisen: Diese betreffen zum Beispiel Fragen der Kompetenz der Teilnehmer*innen an sozialen Praktiken. In der Körper- und Bewegungssoziologie werden diese häufig als Einschränkung gedacht, wohingegen kindheitssoziologische Ansätze vor allem nach Mechanismen suchen, die Kinder von sozialen Anlässen und Praktiken ausschließen. Diese Ansätze verweisen entsprechend auf die generationale Ordnung, durch die ein Ungleichgewicht zwischen Erwachsenen und Kindern hinsichtlich der Teilhabemöglichkeiten an sozialen Praktiken hervorgebracht und reproduziert wird. Zwar führten Forschungen zur Materialität des Sozialen in der Kindheitssoziologie auch zu Rekonzeptualisierungen traditioneller Vorstellungen kindlicher Agency, sie finden jedoch in vielen empirischen Studien (noch) keine Berücksichtigung. In der Körpersoziologie werden hingegen primär erwachsene (und jugendliche), aber kaum kindliche Körper fokussiert. Diese theoretischen Differenzen und jeweiligen ›blinden Flecken‹ zwischen körper- und kindheitssoziologischen Zugängen standen im Zentrum der gemeinsamen Jahrestagung, die von Lars Alberth, Thomas Alkemeyer, Sabine Bollig, Florian Eßer und Larissa Schindler organisiert wurde und im September 2017 an der Universität Trier stattfand.

Die sektionenübergreifende Tagung eröffnete *Bernd Bröskamp* (Berlin) in seiner Keynote mit einem Plädoyer für den an Loïc Wacquant angelehnten Forschungsansatz einer »karnalen Soziologie« der frühen Kindheit. Im Zentrum des Vortrags stand die »frühkindliche Bewegungserziehung« in einer elementarpädagogischen Einrichtung in Berlin, welche durch den Fokus auf Kinder(körper) in Bewegung gleichsam eine Brücke zwischen beiden Sektionen schlug. Im Anschluss folgte das erste Panel zum Oberthema »Körper«. *Florian Eßer* (Hildesheim) referierte aus der Perspektive der Science and Technology Studies sowie leibphänomenologischer Zugänge zum *enactment* ›dickleibiger‹ (Kinder-)Körper in der Heimerziehung. Im nächsten Vortrag von *Nikola Plohr* (Oldenburg) gerieten, auf vermeintliche kindliche Bedürfnisse zugeschnittene, Trackingprodukte in den Blick (bspw. Selftracking-Armbänder), die unter anderem aufgrund ihres Designs »Kindermagneten« sein können, aber gleichzeitig den Eltern ein Mittel in die Hand geben, Kinder zu kontrollieren und zu erziehen. Abschließend sprach *Philipp Lambrix* (Mainz) über das »Laufenlernen« von Kindern aus praxistheoretischer Sicht, als etwas wechselseitig Hervorgebrachtes zwischen einem Erwachsenen (hier einer Mutter) und dem Kleinkind.

Der zweite Tag begann mit dem Panel »Arrangements« und wurde mit einem Vortrag von *Jochen Lange* (Siegen) eingeleitet. Am Beispiel des Herstellungsprozesses eines Experimentierkoffers für den (Grundschul-)Unterricht zeichnete er die Aushandlung von Kindgemäßheit/-orientierung in Abhängigkeit von vorhandenen Ressourcen und anderen Kontextbedingungen heraus. Im Vortrag von *Dominik Krinninger, Kaja Kesselhut, Richard Sandig* (Osnabrück) ging es um die Positionierung und den Gebrauch des Schreibtischs im Kinderzimmer in Verbindung mit dem zumeist gemeinschaftlichen Hausaufgabenmachen in der Familie. Abschließend fragte *Sabine Bollig* (Trier) am empirischen Beispiel der Bildungs- und Betreuungsarrangements von Kindern danach, wie praxistheoretische Zugänge, die die (materialen) Verflechtungen von Praktiken in den Vordergrund rücken, die vor allem auf »Mikroprozesse« fokussierende ethnographische Kindheitsforschung um eher sozialstrukturelle Perspektiven ergänzen können.

Das dritte Panel »Diskurse, Repräsentationen, Materialitäten« begann mit einer theoretischen Auseinandersetzung mit Rousseaus »Émile« von

Christoph Burmeister (Frankfurt an der Oder). An diesem Beispiel wurde verdeutlicht, wie die Kind/Erwachsenen-Differenz und das natürlich-kindliche Eigenrecht konstitutiv mit je spezifischen materiellen, räumlichen und affektiven Ordnungen verbunden sind. *Torsten Eckermann* (Flensburg) referierte sodann über die Präsenz der Figur »des Kindes« in Krisendiskursen, vor allem mit Blick auf den aktuellen Flüchtlingsdiskurs. Den Abschluss bildete *Eva Sänger* (Frankfurt am Main), die die Teilnahme von Kleinkindern an Routineultraschalluntersuchungen der medizinischen Schwangerenvorsorge diskutierte und zeigte, wie entlang der materialen Praxis des Ultraschallbilder-Zeigens Räume des Familialen geschaffen werden.

Im Anschluss an das dritte Panel bestand für Nachwuchswissenschaftlerinnen und -wissenschaftler aus der Kinder- und Kindheitsforschung die Möglichkeit ihre aktuellen Forschungsarbeiten im Rahmen einer vom Nachwuchsnetzwerk organisierten Postersession zu präsentieren und mit den Anwesenden zu diskutieren. Am Abend referierte *Katrin Hörschelmann* (Leipzig) als zweite Keynote über »Loyal subjects? citizenship, militarisation and the agencies of children and youth in security politics«. Der Vortrag setzte sich mit den bürgerschaftlichen Konsequenzen aktueller deutscher und britischer Sicherheitspolitiken für Jugendliche und Kinder auseinander.

Der letzte Tagungstag wurde von *Nick Lee* (Warwick) als Keynote eröffnet, der vor allem auch mit Blick auf biopolitische Perspektiven Anschlussstellen zwischen den Konzepten »Kindheit« und »Materialitäten« für die Kindheitsforschung zeigte. Im letzten, englischsprachigen Panel »Material fields and methodologies of materialities« sprach *Estrid Sørensen* (Bochum) über die Materialität von Mediengefährdung (»media harm«). Während Computerspiele gespielt werden, haben zum Beispiel die Platzierung des Rechners oder das Design des Spiels Bedeutung dafür, wie die Beziehung zwischen Kind und Spiel als gefährdend konfiguriert wird. *Zsuzsa Millei* (Tampere) sprach anschließend über Alltags-Objekte als Teil eines »everyday nationalism« in Einrichtungen der Kindertagesbetreuung. *Markus Kluge* und *Christina Huf* (beide Münster) schlossen mit einem Vortrag zu »Virtuality, actuality and intra-activity«, in welchem sie anhand der Arbeiten von Barad und Deleuze zwei mögliche Methodologien verglichen, um Körper, Räume und Dinge als konstitutiv für die alltägliche Herstellung von Kindheit(en) in pädagogischen Institutionen herauszuarbeiten.

Die Tagung hat die Relevanz und Aktualität von empirischen Arbeiten zu Themen der Kindheit verdeutlicht, in denen die materielle Dimension des Sozialen als komplexe Relationen zwischen Körpern, Räumen und

Dingen ernst genommen wird. Es zeigt sich, dass insbesondere im weitesten Sinne praxistheoretische Perspektiven für theoretische und methodologische Diskussionen sowohl der Körper- und Sport-, als auch der Kindheitssoziologie für die Erforschung von Kindern und Kindheit gleichermaßen grundlegend und bedeutsam sind. Zugleich stellte sich die Frage nach möglichen alternativen Zugängen zur sozialwissenschaftlichen Analyse von Materialitäten im Kontext von Kindheit und darüber hinaus.

Im Vorfeld der Tagung gab es bereits einen Methodenworkshop der Sektion Soziologie der Kindheit und des Nachwuchsnetzwerks Sozialwissenschaftliche Kinder- und Kindheitsforschung zu »Materialitäten der Kindheit – Materialitäten der Kindheitsforschung«, der von Sabine Bollig (Sprecherin der Sektion Soziologie der Kindheit) und Laura B. Kayser (Sprecherin des Nachwuchsnetzwerks) organisiert wurde.

Inka Fürtig, Tanja Betz

Arbeitskreis quantitative Religionsforschung

8. Tagung »Religion und Identität(en) – Wirkungsweise, Interaktion, und Messbarkeit« am 27. und 28. Oktober 2017 in Düsseldorf

Seit 2009 bietet der Arbeitskreis quantitative Religionsforschung quantitativ arbeitenden Religionsforscherinnen und -forschern ein interdisziplinäres Forum. Die Tagung wurde von Prof. Dr. Annette Schnabel, Kathrin Behrens (beide Heinrich-Heine-Universität Düsseldorf) und Insa Bechert (GESIS – Leibniz Institut für Sozialwissenschaften) organisiert.

Nach der Begrüßung durch Insa Bechert und Kathrin Behrens hielt *Annette Schnabel* eine Keynote zum Thema »Identität(en)« und entwickelte aus der Auseinandersetzung mit Identitätstheorien, Fragen und Diskussionspunkte für die Tagung. Im ersten Beitrag »Religiöse Identität und die Messung der Zentralität der Religion« arbeitete *Stefan Huber* (Bern) die Zentralität von Religion und ihrer Bedeutung für religiöse Identität heraus. Dazu stellte er die in der Religionsforschung bereits etablierte Zentralitätsskala vor, welche sowohl die individuelle Relevanz als auch die soziale Verankerung von Religiosität erfasst. Die Skala ermöglicht eine Unterscheidung von hochreligiösen, religiösen und nichtreligiösen Personen, die Huber zur Vermessung religiöser Identität heranzieht. Der zweite Beitrag von *Alexander Yendell* (Leipzig) zum »Zusammenspiel von religiöser und nationaler Identität in Bezug auf Einstellungen junger Polinnen und Polen gegenüber Demokratie und Zuwanderung« untersuchte den Einfluss nationaler und religiöser Identitätskonfigurationen auf Einstellungen junger Polinnen und Polen gegenüber Zuwanderung. Yendell resümierte, dass sich in Polen im Vergleich zu anderen Ländern ein relativ starker Zusammenhang zwischen Religion und Nation feststellen lässt. Auch *Sabine Trittler* (Konstanz) beschäftigt sich mit individueller Ausgrenzung spezifischer Personengruppen. Ihr Beitrag »Religion als symbolische Grenze nationaler Zugehörigkeit und ihre Konsequenzen für die Ausgrenzung von muslimischen Minderheiten in Westeuropa« untersucht, inwiefern sich religiöse und säkulare symbolische Grenzen nationaler Zugehörigkeit seitens der Mehrheitsbevölkerung auf die Diskriminierungswahrnehmung von Muslimen auswirken. Die Befunde lassen sich dahingehend interpretieren, dass religiöse Nationsvorstellungen neben konfessionellen Abgrenzungslinien auch mit religiösen Werten wie Toleranz und Nächstenliebe aufgeladen sein könnten und somit auch einen integrativen Charakter aufweisen würden. *Gert Pickel* (Leipzig) konzentrierte sich in seinem Tagungsbeitrag »Religion als Faktor für kollektive Identität? Integrierende und konfligierende Wirkungen zwischen bridging and bonding – und wie sind sie zu messen?« auf Ursachen und Konsequenzen der Verbindungen von Religion, Religiosität und kollektiven Identitäten und untersuchte die Hypothese, dass Religion für die Mobilisierung kollektiver Identitäten eine bedeutende Rolle spiele. Ähnlich wie Huber zuvor kam Pickel zu dem Ergebnis, dass hier insbesondere zwischen unterschiedlichen Religiositätsgraden in den Zugehörigkeitsgruppen differenziert werden müsse.

Den zweiten Tag eröffnete *Hendrik Lange* (Marburg) mit seinem Vortrag »Christliches Abendland? Zum Zusammenhang zwischen nationaler und religiöser Identität« und der Frage, wie die Rolle der Religion im Kontext nationaler Identität zu bewerten sei. Er verglich die Ergebnisse einer klassischen Faktorenanalyse mit denen eines neuronalen Netzes, um der komplexen multivariaten Korrelationsstruktur der verschiedenen Identitätsdimensionen analytisch gerecht zu werden. Dabei kommt er zu dem Ergebnis, dass, wenn Religion Merkmal nationaler Identität sei, dieses als einziges statistisch wirklich trennscharf zu identifizieren sei. Im darauffolgenden Vortrag »Persönliche Rituale zur Konstruktion personaler Identität bei ostdeutschen Jugendlichen«, ging *Sarah Demmrich* (Münster) der Frage nach, warum Jugendliche aus einem mehrheitlich konfessionslosen ostdeutschen Kontext persönliche Rituale durchführen, und welche Bedeutung solche Rituale für die Identitätsentwicklung dieser Jugendlichen haben. Sie kam zu dem Schluss, dass die Durchführung dieser Rituale die Formung und Stabilisierung der jugendlichen Identität über Selbstreflexion und die spirituelle Erfahrung stark beeinflusst. *Petra-Angela Ahrens* (Hannover) lenkte in ihrem Vortrag »Macht die Religion den Unterschied? Zum Lebensverständnis der Konfessionslosen und der Evangelischen im Osten Berlins« ebenfalls den Blick auf konfessionsfreie Kontexte. Sie zog einen direkten Vergleich zwischen Konfessionslosen und evangelischen Christen im Osten Berlins. Im Zentrum ihres Vortrags stand die Frage, wie sich Konfessionslose und evangelische Christen in ihren Orientierungen, ihren Selbst- und Weltdeutungen (Weltsichtenansatz) voneinander unterscheiden und welche Rolle dem religiösen Bezug bzw. der subjektiven Religiosität dabei zukommt. Es zeigte sich, dass sich die Weltsichtenmuster beider Gruppen ähneln – abgesehen von einem fehlenden expliziten Gottesbezug bei den Konfessionslosen. Mit dem Vortrag »Religiöse Identität und Partizipation auf dem Feld der Megakirchen: Analysen und Ergebnisse« stellten *Insa Pruisken* und *Thomas Kern* (beide Bamberg) die Frage, wie sich »religiöser Wettbewerb« theoretisch und konzeptionell fassen lässt. Grundlage bildete ein Fallstudienvergleich von drei Megakirchen und einer großen konventionellen evangelikalen Gemeinde in den USA. Als latente Bewertungskriterien, an denen sich Gläubige auf religiösen Märkten orientieren, ließen sich unter anderem kulturelle Angebote ausmachen, die insbesondere die religiöse Identität der Gläubigen stabilisierten. Der letzte Beitrag der Tagung von *Heiko Beyer* (Düsseldorf) beschäftigte sich mit dem Thema: »›Wo aber Gefahr ist, wächst das Rettende auch.‹ Zum Zusammenhang von Menschenrechtsverstößen und religiöser Identitätsbildung«. Der Vortrag konnte mithilfe von Mehrebenenanalysen auf der Basis von Daten des ISSP zeigen, wie vielschichtig sich empirisch der Einfluss globaler Menschenrechte auf die Bedeutung religiöser Identitäten in den verschiedenen Weltregionen gestaltet.

Die vielfältigen Beiträge der Tagung unterstrichen den Formenreichtum und die Mehrdimensionalität von Religion und Identität. Offenbleiben mussten Fragen nach den Bedingungen des Zusammenhangs von Religiosität und Identität sowie nach den Ursache-Wirkungs-Verhältnissen. Wichtig scheint hier die enge Verzahnung individueller und kollektiver Identitäten, die weitere Forschung auf der Basis innovativer Daten erfordert. Als ein wichtiges Ergebnis der diesjährigen Tagung lässt sich somit festhalten, dass individuelle und kollektive religiöse Identitäten anhand Grenzziehungen wie Autochthonie, An- und Einpassung oder Einkommensverteilung beobachtet und zugeschrieben werden.

Der nächste Arbeitskreis quantitative Religionsforschung tagt am 9. und 10. November 2018 in Bamberg, voraussichtlich mit dem Fokus auf »Herausforderungen und Potentiale *neuer*, internetbasierter Datengrundlagen für die interdisziplinäre Religionsforschung«.

Annette Schnabel, Kathrin Behrens und Insa Bechert

In memoriam Günter Büschges
(4. September 1926 – 22. Juni 2017)

Am 22. Juni 2017 verstarb Günter Büschges im Alter von beinah 91 Jahren. Er war ein herausragender Soziologe seiner Generation, mit vielfältigen Beiträgen in diversen empirischen Forschungsfeldern der Disziplin und zu den Methoden der empirischen Sozialforschung. Zudem hat er zu einer Soziologie beigetragen, in der Theoriebildung und empirische Forschung keine getrennten Welten sind – ein nützlicher Beitrag gerade in der deutschsprachigen Soziologie und in der Periode, in der er als Hochschullehrer aktiv war.

Günter Büschges beginnt seine Laufbahn als Wissenschaftler erst im Alter von 41 Jahren als Akademischer Rat am Lehrstuhl für Soziologie der Universität Regensburg. Zuvor macht er Erfahrungen von Arbeits- und Wehrdienst, Verwundung und Kriegsgefangenschaft, danach Kaufmannsgehilfenausbildung, Abitur für Kriegsteilnehmer, kaufmännische Angestelltentätigkeit bei einer Gewerkschaft, Studium der Wirtschafts- und Sozialwissenschaften an der Universität zu Köln mit der Diplomprüfung für Kaufleute 1952. Nach dem Studium wird er Assistent, Stellvertreter und zuletzt Leiter (Prokurist) der zentralen personal- und sozialpolitischen Abteilung einer großen Seidenweberei in Westdeutschland. Er arbeitet neben dem Beruf an seiner Dissertation und promoviert 1961 in Köln bei René König und Johann Pfanzagl zum Dr. rer. pol. mit einer Arbeit »Die Gebietsauswahl als Auswahlmethode in der empirischen Sozialforschung«. Seine Erfahrungen in der Privatwirtschaft und in seinen vielfältigen Neben- und Ehrenämtern (unter anderem Dozent für Betriebs-, Industrie- und Wirtschaftssoziologie sowie Betriebs- und Volkswirtschaftslehre in christlichen Institutionen, als Jugendschöffe und Arbeitsrichter, als Vorstand einer Reihe von betrieblichen Sozialeinrichtungen, als Mitglied des Heimarbeitsausschusses beim Arbeitsminister des Landes Nordrhein-Westfalen und als Mitglied des Massenentlassungsausschusses beim Arbeitsamt Krefeld) tragen dazu bei, dass er bereits 1970 als Wissenschaftlicher Rat und Professor für das neugeschaffene, praxisorientierte Lehrgebiet »Betriebliches Organisations- und Personalwesen« an die Fakultät für Soziologie der Universität Bielefeld berufen wird. In dieser Zeit beginnen seine Arbeiten zur Straßenverkehrssicherheitsforschung, die er bis zu seiner Emeritierung fortsetzt. 1974 betrauen die Vereinigten Evangelisch-Lutherischen Kirchen Deutschlands den praktizierenden Katholiken mit organisationssoziologischen Seminaren für Dekane, Pröbste und Superintendenten in Pullach bei München. 1975 wird er zum ordentlichen Professor für empirische Sozialforschung (Theorie und Methoden) im Fachbereich Philosophie, Religions- und Sozialwissenschaften der Universität Essen Gesamthochschule berufen. 1980 folgt der Ruf auf den Lehrstuhl für empirische Sozialwissenschaften im Fachbereich Erziehungs- und Sozialwissenschaften der Fernuniversität Hagen. Dort wird er auch Direktor des Instituts für Fernstudienforschung. 1982 folgt Günter Büschges schließlich einem Ruf an die Wirtschafts- und Sozialwissenschaftliche Fakultät der Friedrich-Alexander-Universität Erlangen-Nürnberg. Er übernimmt 1983 als Direktor sowohl das Institut für Freie Berufe als auch das Institut für Empirische Soziologie, in dem insbesondere betriebs-, industrie- und berufssoziologische, aber auch medizinsoziologische Forschung betrieben wird. 1986 wird er Mitglied des Kuratoriums der Stiftung »Der private Haushalt«, 1990 zudem Direktor des Sozialwissenschaftlichen Forschungszentrums der Friedrich-Alexander-Universität Erlangen-Nürnberg. 1994 wird Günter Büschges emeritiert.

Ab 1977 ist Günter Büschges zusammen mit Johannes Berger, Joachim Matthes und Reinhard Wippler Herausgeber der Reihe »Soziologische Texte, Neue Folge« im Luchterhand Verlag – für viele Jahre die herausragende Reihe in der deutschsprachigen Soziologie. Ab 1983 gibt er gemeinsam mit Hansjürgen Daheim auch die »Beiträge zur Gesellschaftsforschung« im Lang Verlag heraus. Er selbst hat bis zu seiner Emeritierung mehr als 130 Publikationen verfasst.

So wie er sich während der Arbeit in der Privatwirtschaft Zeit für nebenberufliche und ehrenamtliche Tätigkeiten nahm, beteiligte er sich während seiner Universitätszeit an der akademischen Selbstverwaltung. Er war Dekan des Fachbereichs Philosophie, Religions- und Sozialwissenschaften an der Universität Essen Gesamthochschule und später der Wirtschafts- und Sozialwissenschaftlichen Fakultät der Friedrich-Alexander-Universität Erlangen-Nürnberg. In Nordrhein-Westfalen berief ihn der Kultusminister in den Fachausschuss für das Lehrfach Sozialwissenschaften. In der DGS war er im Ausschuss für Lehre. Nach der Vereinigung der beiden deutschen Staaten engagierte er sich für den Aufbau der Sozialwissenschaften in den neuen Bundesländern: ab 1990 als Mitglied der Aufbaukommission für ein sozialwissenschaftliches Institut der Friedrich-Schiller-Universität Jena, ab 1991 als Mitglied der Besetzungskommission des Instituts für

Unternehmensführung der Technischen Hochschule »Carl Schorlemmer«, Leuna-Merseburg.

Günter Büschges vertrat eine theoretisch-empirische Soziologie, in der es »um zwei verschiedene Aspekte sozialen Handelns geh[t], die gleichsam die zwei Seiten der Münze ›soziale Tatsache‹ ausmachen« (Büschges 1985: 63): Um die sozialen Folgen individuellen Handelns auf der einen Seite und um die sozialen Bedingtheiten individuellen Handelns auf der anderen Seite. Dies führt zum »strukturell-individualistischen Ansatz«, der für die Erklärung sozialer Sachverhalte Aussagen verwendet, »wie die jeweiligen sozialen Bedingungen die Handlungsziele und die Handlungsmöglichkeiten der Individuen beeinflussen« und »wie die jeweiligen sozialen Bedingungen in Verbindung mit den Handlungen der Individuen zu kollektiven Folgen führen« (Büschges 1985: 67). Dabei werden Menschen als intentional handelnde und abwägende Akteure gesehen, die auf der Basis ihrer Möglichkeiten, gegebener Umstände und unter Einsatz ihnen geeignet erscheinender Mittel versuchen, ihre Ziele zu verwirklichen – auf der Mikroebene ein »rational choice«-Ansatz, der auf der Makroebene durch einen »constraint choice«-Ansatz komplettiert wird.

Für Günter Büschges ist von Bedeutung, dass der Ansatz Raum lässt, um die individuellen Wünsche und Präferenzen sowohl als gegeben als auch als »rationalisierbar« modellieren zu können – etwa durch Selbstbindung an höherrangige Ziele oder durch Einsicht in fehlende Realisierungschancen. Bedingungen und Folgen individuellen Handelns können demzufolge trotz der Annahme einer konstanten menschlichen Natur im Kontext situationaler sowie kultureller und institutioneller Gegebenheiten personal erheblich variieren, abhängig von der spezifischen Struktur des Interaktionsgeflechts, in dem sich der Akteur bewegt. Das mit Martin Abraham und Walter Funk verfasste und erstmals 1995 erschienene Lehrbuch »Grundzüge der Soziologie« beruht auf diesem Ansatz, der auch als Fundament zahlreicher empirisch-theoretischer Forschungsprojekte gedient hat, die am Nürnberger Lehrstuhl als Diplomarbeiten und Dissertationen wie auch in den beiden Instituten durchgeführt wurden.

Günter Büschges hat seinen Mitarbeiterinnen und Mitarbeitern Raum gegeben und sie in ihrem akademischen Werdegang liberal, tatkräftig und häufig selbstlos unterstützt – nicht ganz selbstverständlich, gewiss nicht in der Periode, in der wir mit ihm zusammengearbeitet haben, unter anderem in einer exemplarischen »Ordinarienuniversität«. Dafür sind wir ihm dankbar.

Reinhard Wittenberg, Peter Lütke-Bornefeld und Werner Raub

Literatur

Büschges, G. (Hg.) 1976: Organisation und Herrschaft. Reinbek: Rowohlt.
Büschges, G. 1985: Empirische Soziologie und soziale Praxis. Sozialwissenschaften und Berufspraxis 8. Jg., Heft 1, 61–86.
Büschges, G., Abraham, M., Funk, W. 1998: Grundzüge der Soziologie. 3., völl. überarb. Auflage, München u.a.: Oldenbourg.
Büschges, G., Lütke-Bornefeld, P. 1977: Praktische Organisationsforschung. Reinbek: Rowohlt.
Büschges, G., Raub, W. 1985: Soziale Bedingungen – Individuelles Handeln – Soziale Konsequenzen. Frankfurt am Main: Peter Lang.
Wittenberg, R. (Hg.) 1991: Person – Situation – Institution – Kultur. Günter Büschges zum 65. Geburtstag. Berlin: Duncker & Humblot.

In memoriam Horst Baier
(26. März 1933 – 2. Dezember 2017)

Am 2. Dezember 2017 verstarb in Konstanz Horst Baier, emeritierter Professor der Soziologie an der dortigen Universität. Ein langes, oft mit Ungeduld ertragenes Leiden war vorausgegangen.

In seinen Erinnerungen »Lebensstationen unter der Forderung des Tages« hat der im März 1933 in Brünn/Mähren Geborene aufgezeichnet – mit erschütternden Berichten über das Schicksal der aus ihrer Heimat Vertriebenen –, wie schwer der Neuanfang war, aber auch, sich vom Elternhaus zu lösen, um der »väterlichen Erziehungsdiktatur« (Baier) zu entkommen. Der Vater, überzeugter Nationalsozialist, konnte nicht verwinden, dass die »Heim-ins-Reich«-Parole zu einer Katastrophe für alle Sudetendeutschen geführt hatte.

Den »Forderungen des Tages genügen« – diese sowohl Goethe als auch Max Weber entlehnte Maxime – bestimmte seinen Lebensweg. Auf dem Gymnasium in Erlangen, wohin es die Familie verschlug, war der vertraute Umgang mit den alten Griechen und Römern, ihrer Literatur und Geschichte ebenso selbstverständlich wie das Versinken in die deutsche und europäische Geistes- und Kulturgeschichte. Er hatte die Gabe, das einmal Erarbeitete memorieren zu können.

Seit dem Winter-Semester 1952/53 studierte Horst Baier in Erlangen Medizin und Philosophie. Das eine aus Gründen des Brotberufs, das andere aus Neigung. Vor den Vorlesungen ging es auf den Paukboden einer schlagenden Verbindung. Dahinter steckte die Begeisterung für die Urburschenschaft nach den Freiheitskriegen 1815 und der Wille, nach der Teilung Deutschlands zu neuer nationaler Einheit beizutragen (Baier 2011: 88). Das charakterisiert die Doppelpoligkeit seiner Natur, die sich zwischen Aufklärung, deutschem Idealismus und einer das National-Republikanische betonenden Werthaltung bewegte.

1961 erfolgte die Approbation als Arzt. Nach einer Zeit als Mitarbeiter am Philosophischen Seminar in Erlangen wurde er Assistent von Helmut Klages an der Sozialforschungsstelle Dortmund an der Universität Münster. 1964 wurde er dort persönlicher Assistent von Helmut Schelsky, seit 1960 Direktor dieser Forschungsstelle.

Baier hatte bereits in Erlangen Material für eine Doktorarbeit über Max Weber gesammelt. Das solle er, so Schelsky, ausbauen und als Habilitationsschrift einreichen. »Sie haben ja schon einen Doktor, den medizinischen, das genügt« (Baier 2011: 68). Ähnlich war Schelsky bei Niklas Luhmann verfahren, als er den noch nicht promovierten Juristen zum Abteilungsleiter machte und dessen Promotion und Habilitation an der Universität Münster innerhalb eines Jahres durchsetzte. Zu Luhmann, der fünf Jahre älter war, trat Baier seit der Dortmunder Zeit in eine enge wissenschaftliche und persönliche Beziehung.

Die Studentenrevolte, die in Münster heftiger war als allgemein bekannt – das Audimax war ein halbes Jahr Tag und Nacht fest in der Hand der »Genossen« –, führte ihn mit an die Spitze der intellektuellen Auseinandersetzungen. Seine Kenntnis der plötzlich so wichtigen Schriften von Marx und Engels, aber auch ihre Verknüpfung mit Hegels Logik und anderen Grundschriften dieser stürmischen Zeit sowie seine Eloquenz und eindringliche Präsenz waren dafür die Voraussetzung.

1969 erfolgte die Habilitation an der Universität Münster mit der Schrift »Von der Erkenntnistheorie zur Wirklichkeitswissenschaft. Eine Studie zur Begründung der Soziologie bei Max Weber«. Diese Arbeit wurde nie veröffentlicht, spielte aber in seiner weiteren Vita gleichwohl eine wichtige Rolle, nicht zuletzt bei der Berufung nach Frankfurt. Das Angebot Schelskys, seit 1965 Gründungsrektor der Universität Bielefeld, ihn dort auf ein Ordinariat zu bringen, schlug er aus. Aber er blieb nicht nur Schelsky, sondern auch der Universität Bielefeld eng verbunden, nicht zuletzt durch seine Beteiligung an Gründung und Herausgabe der *Zeitschrift für Soziologie*.

Im Jahr der Habilitation wurde Horst Baier als Ordinarius für Soziologie und Sozialpädagogik an die PH in Münster berufen – ein kurzes Zwischenspiel. Im Winter-Semester 1969/70 vertrat er den Lehrstuhl des im August 1969 verstorbenen Theodor W. Adorno und wurde 1970 auf dessen Lehrstuhl berufen. Er wird die links-kritischen Studierenden in Frankfurt nicht nur durch seine profunden Kenntnisse der Grundschriften der Studentenrevolte, sondern auch der Werke von Kant und Fichte, Schelling und Hegel, Schelling und nicht zuletzt Nietzsche fasziniert haben.

Zwei Aufsätze aus den »Thesen zur Kritik der Soziologie« (1969), die breite Resonanz fanden, hatten neben der Habilitationsschrift Einfluss auf den Ruf nach Frankfurt. Er galt wegen dieser Arbeiten als Vermittler zwischen den verhärteten Fronten der Positivisten und der Dialektiker, die damals die wissenschaftstheoretischen Diskussionen in der Soziologie bestimmten (vgl. Adorno 1969; Habermas, Luhmann 1971).

In Frankfurt geriet Baier bald in das Fegefeuer linksradikaler Studenten. In seinen Lebenserinnerungen hat er über den Terror, dem er und seine Familie ausgesetzt waren, berichtet (Baier 2011: 107ff.). In einem 23seitigen Bericht (der mir vorliegt) über die massiven Störungen von zwei Seminaren im Winter-Semester 1971/72 – eines über Lukács' bekanntes Werk, »Geschichte und Klassenbewusstsein« – und einer Begründung für deren Abbruch an den Kultusminister und den Präsidenten der Universität, Walter Rüegg – als Soziologe selbst Ziel studentischen Terrors –, zitierte Baier aus einer »Politischen Plattform« der »Roten Zelle Soziologie«, wie das Studium als »Kampfstudium« durchgesetzt werden könne. Eine Abstimmung unter den ca. 180 Seminarteilnehmern ergab eine deutliche Mehrheit für die Ziele der »Roten Zelle« und machte seine Seminarvorbereitungen zunichte.

1975 kam der »rettende Ruf« (Baier) an die Universität Konstanz. Hier entfaltete er bis zu seiner Emeritierung im Jahr 1998 eine außergewöhnlich intensive, auf Praxisfelder hin orientierte Lehre. Das ließ sich an der 1966 gegründeten Reformuniversität mit interessanten Fächerkombinationen, darunter Verwaltungs-, Wirtschafts- und Rechtswissenschaft, gut verwirklichen. Alle Fächer und Bibliotheken waren in der überschaubaren Campus-Universität gut zu erreichen.

Baier vermittelte den Studierenden entsprechende Praktika, zum Beispiel in dem nahegelegenen Institut für Demoskopie in Allensbach unter der Direktorin Elisabeth Noelle-Neumann, in Krankenhäuser und in weitere Institutionen der gesundheitlichen Daseinsvorsorge. Zu seinem großen Kummer wurde der so erfolgreich aufgebaute Schwerpunkt nach seiner Emeritierung nicht weitergeführt.

Noch von Frankfurt aus konnte Horst Baier, unterstützt von den Professoren Wolfgang Mommsen und Johannes Winckelmann, die historisch-kritische Max Weber-Gesamtausgabe auf den Weg bringen. 1975 wurde ein Vertrag der Herausgeber mit der Kommission für Sozial- und Wirtschaftsgeschichte der Bayrischen Akademie der Wissenschaften und dem »Hausverlag« von Max Weber, J.C.B. Mohr (Paul Siebeck) in Tübingen, geschlossen. Neben den Genannten traten die Professoren M. Rainer Lepsius und Wolfgang Schluchter in den Kreis der Herausgeber. Ab 1984 erschienen die ersten Bände.

Horst Baier oblag die Edition der Arbeiten Webers zur Verstehenden Soziologie und zur Wissenschaftstheorie. Trotz aller Vorkenntnisse und Vorarbeiten geriet er gegenüber dem Editionsplan in immer größeren Verzug. Krankheitsbedingt musste er die Vorarbeiten und Materialien an Gerhard Wagner und Johannes Weiß abgeben (nach Auskunft von Professor Weiß werden die beiden Bände im Verlauf des Jahres 2018 erscheinen).

Baier hatte am Werk von Max Weber demonstriert, wie die Soziologie erkenntnistheoretisch fundiert werden kann. Hierbei vergaß er die für Weber wichtigen »Vorläufer« nicht: die Kritiken Kants, den deutschen philosophischen Idealismus Fichtes und Hegels, den Positivismus und Historismus des 19. Jahrhunderts (vgl. Lipp 1984: 40). Mit diesen Grundlagen und dem Ansatz der Leipziger Schule von Hans Freyer, der Theorie der Institution von Arnold Gehlen und Helmut Schelsky, aber auch Grundlagen der Kritischen Theorie der Frankfurter Schule fühlte sich Baier gerüstet, »auf die Suche nach Wirklichkeit« (Schelsky) zu gehen und diese in bestimmter Weise theoretisch und empirisch zu erforschen.

Diese Wirklichkeit war für Baier vor allem die der Sozialpolitik und Sozialmedizin. 1975 war er Mitbegründer und Mit-Herausgeber der Zeitschrift *Medizin Mensch Gesellschaft*. Seine vielen Beiträge auf den genannten Gebieten, zum Teil aus seiner Vortragstätigkeit vor Verbänden entstanden und in deren Organen gedruckt, wurden von ihm leider nie zu einem Grundlagenwerk zusammengefasst. Ein Grundtenor hätte sich gewiss auf den Tatbestand bezogen, wie sehr der Sozialstaat die Sozialstruktur der freiheitlichen Gesellschaft verändert und immer mehr Menschen zu seiner Klientel macht.

Mit Helmut Schelsky bleibt Horst Baier durch zwei Veröffentlichungen verbunden. Er gab eine von drei Festschriften zu Ehren Schelskys anlässlich seines 65. Geburtstags heraus (Baier 1977).

Die Gedächtnisschrift aus Anlass von Schelskys Tod (Baier 1986) versammelt Namen und Beiträge von Kollegen, die für ihn sowie für Schelsky wissenschaftliche Lebensstationen mitbestimmt hatten.

Bernhard Schäfers

Literatur

Adorno, T.W. Dahrendorf, R., Pilot, H., Albert, H., Habermas, J., Popper, K.R. 1969: Der Positivismusstreit in der deutschen Soziologie. Neuwied, Berlin: Luchterhand.

Baier, H. 1969: Soziale Technologie oder soziale Emanzipation? Zum Streit zwischen Positivisten und Dialektikern über die Aufgaben der Soziologie – Acht Thesen zur theoretischen und praktischen Kritik der Sozialwissenschaften. In B. Schäfers (Hg.), Thesen zur Kritik der Soziologie, Frankfurt am Main: Suhrkamp, 9–25.

Baier, H. (Hg.) 1977: Freiheit und Sachzwang. Beiträge zu Ehren Helmut Schelskys, Opladen: Westdeutscher Verlag.

Baier, H. (Hg.) 1986: Helmut Schelsky – ein Soziologe in der Bundesrepublik. Eine Gedächtnisschrift von Freunden, Kollegen und Schülern. Stuttgart: Enke.

Baier, H. 2011: Lebensstationen unter der Forderung des Tages. Konstanz: Hartung-Gorre-Verlag.

Habermas, J., Luhmann, N. 1971: Theorie der Gesellschaft oder Sozialtechnologie – Was leistet die Systemforschung? Frankfurt am Main: Suhrkamp.

Lipp, W. 1984: Horst Baier. In W. Bernsdorf, H. Knospe (Hg.), Internationales Soziologenlexikon, Band 2, 2., neu bearbeitete Auflage, Stuttgart: Enke, 39–41.

Habilitationen

Dr. Jan-Hendrik Passoth hat sich am 21. Juni 2017 an der Europa-Universität Viadrina Frankfurt an der Oder habilitiert. Die Habilitationsschrift trägt den Titel » Soziologie der Umstände«. Die venia legendi lautet Soziologie.

Dr. Tanja Bogusz hat sich am 28. Juni 2017 an der Friedrich-Schiller-Universität Jena habilitiert. Die Habilitationsschrift trägt den Titel »Experimentalismus und Soziologie. Von der Krisen- zur Erfahrungswissenschaft«. Die venia legendi lautet Soziologie.

Dr. Heiko Rüger hat sich am 22. November 2017 an der Johannes Gutenberg-Universität Mainz habilitiert. Die Habilitationsschrift trägt den Titel »Räumliche Mobilität, Familie und Gesellschaft. Quantitative Analysen zum Zusammenhang von berufsbezogener räumlicher Mobilität mit Familie, Beruf und Lebensqualität«. Die venia legendi lautet Soziologie.

Dr. Markus Gamper hat sich am 6. Dezember 2017 an der Universität zu Köln habilitiert. Die Habilitationsschrift trägt den Titel »Soziologie sozialer Netzwerke – Ein Theorie- und Forschungsprogramm zu sozialen Beziehungen und deren Strukturen«. Die venia legendi lautet Soziologie.

Dr. Jenny Preunkert hat sich am 3. Januar 2018 an der Fakultät für Sozialwissenschaften und Philosophie der Universität Leipzig habilitiert. Die Habilitationsschrift trägt den Titel »Eine Soziologie der Staatsverschuldung. Zur Vermarktlichung, Transnationalisierung und Politisierung von Staatsschulden in der Eurozone«. Die venia legendi lautet Soziologie.

Call for Papers

Kampf um Europa: Felder, Diskurse, Relationen

Sektionsveranstaltung der Sektion Europasoziologie auf dem DGS-Kongress vom 24. bis 28. September 2018 in Göttingen

Das europäische Projekt hat Gegenwind und das nicht zu knapp. Zu den viel diskutierten Krisen der Geld- und Finanzpolitik, der Migration und der Integration treten nationalistisch-populistische Projekte, die gerade in jüngster Zeit zu europaweiten Erschütterungen geführt haben, wie die Ereignisse in Ungarn und Polen, aber auch in Katalonien und dem Vereinigten Königreich zeigen. Herausforderungen stellen sich Europa jedoch nicht nur im Inneren, auch an den Außengrenzen der EU wird Europa gefordert, zum Beispiel durch die sicherheitspolitische Lage, die Zusammenarbeit mit Mittelmeer-Anrainerstaaten und den Umgang mit potentiellen künftigen Mitgliedsstaaten. Zeitgleich gerät Europa aus einer ganz anderen, unerwarteten Richtung unter Druck: Der weltpolitische Konsens einer liberalen wirtschaftlichen Integration bröckelt, wenn er nicht schon in Scherben liegt. CETA wird auf absehbare Zeit wohl das letzte umsetzbare Freihandelsabkommen bleiben; TTIP ist blockiert. In den USA, Russland, China, Südamerika und Afrika scheinen die Zeichen wieder auf Protektionismus und autokratische Lenkung zu stehen.

Die hier nur exemplarisch genannten Entwicklungen und Ereignisse zeigen, dass um Europa, Europäisierung und europäische Ideen mit neuer Offenheit, Härte und Dringlichkeit gerungen wird. Die Konflikte sind omnipräsent und vielgestaltig: manifest und latent, offen und verdeckt, auf Verteilung und auf symbolische Wertordnungen gerichtet. Wir möchten die Sektionsveranstaltung dazu nutzen, die Kämpfe um Europa einer soziologischen Analyse und Diskussion zu unterziehen. Wir laden insbesondere Vertreter*innen verschiedener Ansätze (wie bspw. der Feld- und Diskursanalyse, der Critical Discourse Studies, der Cultural Political Economy, der World-Polit-Theory, der Ethnographie und der Actor-Network-Theory) dazu ein, empirische, methodologische und theoretische Annäherungen an den Forschungsgegenstand vorzustellen. Bitte schicken Sie Ihre Beitragsvorschläge (max. 500 Wörter) bis zum **30. April 2018** an

Christian Schmidt-Wellenburg
E-Mail: cschmidtw@uni-potsdam.de und

Stefan Bernhard
E-Mail: stefan.bernhard@iab.de

Komplexe Dynamiken und Entwicklungen in Europa. Aktuelle europasoziologische Forschung

Sektionsveranstaltung der Sektion Europasoziologie auf dem DGS-Kongress vom 24. bis 28. September 2018 in Göttingen

Die Sektion Europasoziologie organisiert im Rahmen des DGS-Kongresses in Göttingen eine Veranstaltung zur Vorstellung und Diskussion aktueller Forschungsprojekte aus dem Bereich der Europasoziologie. Damit möchte die Sektion Gelegenheit geben, laufende europasoziologische Forschungen und aktuelle Forschungsergebnisse zu präsentieren. Wir laden Forscherinnen und Forscher jeder akademischen Stufe ein, ihre aktuelle Arbeit vorzustellen und zu diskutieren. Beitragsangebote können die gesamte Bandbreite der europasoziologischen Forschung abdecken. Sowohl originelle konzeptionelle Beiträge als auch Vorstellungen von aktuellen empirischen Forschungsergebnissen sind willkommen. Vorgesehen sind maximal 20-minütige Vorträge. Wir freuen uns über Abstracts von bis zu 500 Wörtern, die neben den üblichen Angaben zudem Auskunft über den Forschungskontext beziehungsweise den Stand des zugrundeliegenden Projekts geben. Bitte richten Sie Ihre Vorschläge bis zum **30. April 2018** an

Monika Eigmüller
E-Mail: monika.eigmueller@uni-flensburg.de und

Sebastian Büttner
E-Mail: sebastian.buettner@uni-due.de

In Serie. Architekturmoderne zwischen Zweckbau und Sozialutopie

Wissenschaftliches Kolloquium am 8. und 9. November 2018 an der Universität Bern

Während die Entwicklung industrialisierten, modernen Bauens bereits ab den 1920er-Jahren unter anderem in Frankreich und Deutschland, später auch in der Sowjetunion energisch vorangetrieben wurde, können die Jahre nach dem Zweiten Weltkrieg als Hochzeit des sogenannten Systembaus gelten. Nicht mehr nur vorfabrizierte Teile fanden jetzt Verwendung im oft staatlich gesteuerten Bauwesen des Wiederaufbaus – die Idee, gleich ganze Systeme zur Anwendung zu bringen, fand nun zu ihrer Umsetzung. Dabei waren je nach lokalem Kontext vollkommen unterschiedliche gesellschaftliche Vorstellungen mit der seriellen Architektur verbunden.

In der Schweizer Rezeption dienten deutsche oder französische Bauwiesen der Zeit als »wichtiges Experiment«, das »mit großem Gewinn studiert« wurde (Tintori 1963). Obwohl Systembauten hier nicht annähernd so häufig zum Einsatz kamen wie in Ländern, in denen zum Beispiel die Ästhetik des Plattenbaus eine ganze Ära prägte, stellte das Problem von Serie versus Varietät auch den schweizerischen Architekturdiskurs vor grundlegend neue Aushandlungsprozesse. Schon 1969 fragte deshalb eine Ausstellung im Zürcher Museum für Gestaltung danach, wie sich das »Phänomen der Serie auf die Umweltgestaltung« auswirke (Balla et al. 1969).

Die Frage nach architektonischer Planung von Systembauten und die Aneignung durch ihre Nutzerinnen und Nutzer wirft gleichzeitig einen Schatten zurück auf die Normierungsbemühungen der klassischen Moderne. Zwar sagte beispielsweise für das Team Ernst Mays der serielle Charakter der geplanten Bauten in der Sowjetunion in den 1930er-Jahren noch nichts über eine Normierung des darin lebenden Menschen aus – im Gegensatz zu den Wünschen der politischen Auftraggeberschaft. Trotzdem ist die Moderne, wie auch die architektonische Entwicklung des Systembaus im Europa der Nachkriegszeit, auf das Spannungsmoment zu befragen, das sich aus serieller Ästhetik auf der einen sowie den zu bewahrenden Individualitätsansprüchen der Bewohnerinnen und Bewohner wie (zumeist männlichen) Architekten auf der anderen Seite ergibt.

Das Kolloquium »In Serie« möchte einen besonderen Fokus auf diese Ambivalenz legen. Architektur und Gesellschaft werden allzu oft rein dualistisch gedacht. Es soll daher auch danach gefragt werden, welche Gesellschaftsentwürfe und welches Menschenbild sich in der Baukultur des Systembaus der Nachkriegszeit dokumentieren und wie diese sich auch in die Baukultur der Folgezeit eingeschrieben haben.

Einreichungen sind insbesondere – aber nicht ausschließlich – zu folgenden Fragestellungen erwünscht:

a) Welche progressiven oder auch dystopischen Gesellschaftsentwürfe dokumentieren sich in Bausystemen der Nachkriegsmoderne?
b) Welche Rolle der Architekten und Architektinnen als Autoren zukunftsfähiger Gesellschaften und von rationellen Prämissen eingehegter Konstrukteure lässt sich für das funktionale, serielle Bauen identifizieren?
c) Wie verhalten sich die gesteigerten Individualitätsansprüche der Nutzerinnen und Nutzer und die vom modularen Raster gesetzten Grenzen des Systembaus zueinander?
d) Welcher Stellenwert und damit welche Bewertungen des seriellen Bauens der Nachkriegsmoderne lassen sich im öffentlichen Diskurs und der fachlichen Auseinandersetzung der Architektur(-theorie/-geschichte) herausarbeiten?
e) Welche Indikatoren können für die denkmalpflegerische Einordnung des Systembaus (bspw. vor dem Hintergrund eines zunehmenden Dichtedrucks) herangezogen werden?
f) Welche methodischen Zugänge lassen sich für Forschungen zu vorgenannten Fragestellungen fruchtbar anlegen?

Anknüpfend an knappe Präsentationen der Forschungsarbeiten möchte das Kolloquium dezidiert Raum für den Austausch der Teilnehmenden lassen. Um das Format dabei auch von dem einer Tagung mit wenig Dialogmöglichkeit abzugrenzen, sollen Debatten in thematisch fokussierten Kleingruppen am zweiten Tag der Veranstaltung die Vorstellung der Forschungspositionen des ersten ergänzen. Die Ergebnisse beider Teile werden später im Plenum zusammengeführt. Der Abend des ersten Tages schließt mit einer öffentlichen Keynote.

Die Zahl der Teilnehmenden ist auf 10 Personen begrenzt. Angesprochen werden Nachwuchswissenschaftlerinnen und -wissenschaftler der Kunst- und Geschichtswissenschaft, Architektur, Soziologie, Anthropologie und Ethnologie, die zum Systembau am Übergang von industrieller und zweiter Moderne, seiner architekturhistorischen/-theoretischen Einordnung sowie seinen kulturellen und sozialen Implikationen forschen. Anfallende

Kosten für die An- und Abreise sowie Übernachtung werden durch eine Förderung der Universität Bern und des Schweizer Bundesamtes für Kultur getragen. Das Kolloquium ist Teil der Forschungen der ICOMOS Suisse Arbeitsgruppe »System und Serie« (www.icomos.ch/workinggroup/system-serie/).

Abstracts von nicht mehr als 350 Wörtern zzgl. Quellenangaben sowie evtl. Nachfragen richten Sie bitte bis zum **30. April 2018** an:

Dr. Sarah M. Schlachetzki, Universität Bern
E-Mail: sarah.schlachetzki@ikg.unibe.ch und

Dr. Tino Schlinzig, TU Dresden
E-Mail: tino.schlinzig@tu-dresden.de

Die (Außer-)Alltäglichkeit ewiger Verdammnis. Überlegungen zu einer Soziologie der Hölle

Tagung am 21. und 22. Februar 2019 an der Universität Koblenz-Landau, Campus Koblenz

Während in der globalisierten, säkularisierten Spätmoderne der Begriff der Hölle als eines Ortes ewiger Verdammnis – zu was? warum? und wie? – banalisiert beziehungsweise in die Alltagssprache als allgemeiner Ausdruck negativ bewerteter Erfahrung überführt wird, erlebt er im Bereich vielfältiger Fundamentalismen eine Renaissance. Mit anderen Worten geht man durch die Hölle eines Zahnarztbesuches und beschreibt im Rückblick die durchlittenen Strapazen auf diese Weise. Etwas ernsthafter wird der Weg durch die Hölle – und interessanterweise handelt es sich hier um den Höllentrip als eine Reise mit Wiederkehr – dann thematisiert, wenn jemand berichtet, durch eine schwierige Phase seines Lebens gegangen zu sein. Die Hölle erscheint dann als Passage und als Prüfung. Dass keiner dieser Durchgänge etwas mit ewiger Verdammnis zu tun hat, weckt die Vermutung einer Bedeutungsverschiebung. Vielleicht geht es hier um eine Purgatorisierung der Hölle, die letztere mit einem leidvollen Reinigungsprozess, also dem Gang durchs Fegefeuer gleichsetzt. Sobald aber das oft im Zusammenhang von Post- oder Spätmoderne diagnostizierte Verschwinden sozialer Grenzen zu Verunsicherung, zu Sinndefiziten und Orientierungsproblemen führt, kann es geschehen, dass holistische Sinnangebote nebst ihren Absicherungssemantiken des kollektiven Bewusstseins wieder Raum greifen und ältere Vorstellungen ewiger Verdammnis und Bestrafung reaktualisiert werden. Auch wenn sie durchaus umfassend gemeint sind, adressieren diese Höllenvorstellungen doch immer nur bestimmte Bereiche der differenzierten Gesellschaft. Letztlich handelt es sich um Hinweise auf subjektivierte Individualhöllen, die sich im Rückgriff auf alte und neue Gebrauchsweisen des Begriffs, in denen Hölle als intersubjektiv legitimationsfähiges Regulativ wiederbelebt wird, sprachlich manifestieren.

Gleichwohl aber scheint der Begriff Hölle in der Alltagssprache nach wie vor durch folgende Sinnbezüge charakterisiert zu sein: Hölle ist ein

a) Modus subjektiven Erlebens, in dem
b) das Gefühl umfassenden Kontrollverlusts mit
c) dem Eindruck von Hoffnungslosigkeit verbunden ist, der
d) in der betreffenden Situation auf unabsehbare Zeit fortbesteht und der schließlich
e) einen Raumbezug aufweisen kann.

Aufschlussreich ist beim Vergleich älterer und jüngerer Bedeutungen der Bezug auf eine (schicksalhafte) Bestrafung für zuvor begangene Sünden. Vor dem Hintergrund der Konstituierung kollektiver Identitäten gemäß mechanischer Solidarität wäre Hölle die letzte und grundlegendste Sanktionsinstanz. Aus Sicht des Subjekts scheint der Begriff in jüngerer Zeit zur Chiffre für definitive Unzumutbarkeiten des modernen Lebens zu werden.

Dieser Befund ist ein trefflicher Anlass, die Ambivalenzen der Hölle in spätmodernen Gesellschaften einer genaueren Betrachtung zu unterziehen. Abseits der Theologie als des traditionellen Bezugspunkts für solche Überlegungen steht die Relevanz dieses Phänomens als Element eines spezifischen Weltanschauungssystems nicht im Mittelpunkt kultur- und wissenssoziologischer Analysen. Vielmehr geht es um die mutmaßlich mannigfaltigen Konnotationen dieses ganz und gar unmodernen Konzepts und damit um seine begriffsgeschichtlich-diskursanalytische Durchdringung ebenso wie um seine Kulturbedeutung im Vergleich unterschiedlicher (Sub-)Kulturen. Was war beziehungsweise ist die Hölle? In welchen Kontexten bleibt sie ein machtvoller soziologischer Tatbestand im Hinblick auf große Transzendenzen? Wann ist die Rede davon, die Hölle – beispielsweise einer schwierigen Lebensphase – hinter sich zu haben? Gibt es eine Bedeutungsverschiebung der Hölle vom Erwartungshorizont des sündigen Menschen hin zu einem Erfahrungsraum des unverschuldet Leidenden. Besteht mit anderen Worten die Modernisierung der Hölle in ihrer Temporalisierung als eines vorübergehenden Zustandes, aus dem man nicht selbst herauskommt und aus dem man befreit/erlöst werden muss? Was qualifiziert – zum Beispiel im Licht massenmedialer Berichterstattung – eine soziale Situation als Hölle? Erzeugt gesellschaftliche Rationalisierung neue Höllen, beispielsweise des Überflüssig-Seins? Und schließlich: Gibt es im modernen Denken noch immer Momente, die mit ewiger Verdammnis assoziiert werden?

Die Erkundungen mit Blick auf eine Soziologie der Hölle richten sich an Forscherinnen und Forscher aus den Bereichen der Wissens-, Kultur- und Religionssoziologie sowie der Biographieforschung, Religions- und Kulturwissenschaft. Erwünscht sind empirische Erfahrungen und, falls es mit diesen schwierig werden sollte, qualitative Analysen der Thematisierung von Hölle ebenso wie theoretisch-rekonstruktive Untersuchungen.

Vortragsvorschläge im Umfang von ca. 3.000 Zeichen senden Sie bitte bis zum **31. Mai 2018** an

Prof. Dr. Oliver Dimbath
E-Mail: dimbath@uni-koblenz.de,

Dipl. Soz.-Päd. Lena M. Friedrich
E-Mail: friedrich@uni-koblenz.de und

Prof. Dr. Winfried Gebhardt
E-Mail: gebhardt@uni-koblenz.de

Konsum und Verhalten in kapitalistischen und postmaterialistischen Gemeinschaften

Soziologie Magazin. Publizieren statt archivieren, Heft 2/2018

Konsum ist ein komplexes Agieren in der Gesellschaft, welches zum einen selbstverständlicher Bestandteil unseres soziokulturellen Lebens ist und zum anderen durch Individuen, Gruppen und Institutionen gestaltet wird. In westlichen Wirtschaftswissenschaften hingegen werden Konsumstrukturen häufig nur als Teil eines ökonomischen Kreislaufes von Produktion, Distribution und Konsum gedacht.

Weg von dieser hegemonialen und »westlich« geprägten Diskussion von Massenkonsum und Konsumgesellschaft(en) bestimmen Konsumgewohnheiten soziale Handlungen und Beziehungen und haben im Kontext von Globalisierungen Auswirkungen auf lokale und globale Praktiken. Während westlich sozialisierte Ökonom_innen oftmals eine »Konsumüberforderung« für den globalen Norden konstatieren, verdeutlichen ethnografische Studien, dass Konsum so viel mehr bedeutet als Dinge zu kaufen, zu nutzen und zu verbrauchen. Denn Gemeinschaften im Sinne Tönnies, die sich durch ein starkes »Wir-Gefühl« definieren und sich klar von anderen Gruppen abgrenzen, können durch den bewussten Konsum ihre eigenen gesellschaftlichen Determinanten mitgestalten. Dies gelingt, da jede Form von materiellem Besitz eine soziale Bedeutung in sich trägt und somit als ein zwischenmenschliches Kommunikationsmittel angesehen werden kann. So dienen Konsumpraktiken nicht ausschließlich der Bedürfnisbefriedigung, sondern der Herstellung und Aufrechterhaltung sozialer Beziehungen. Auch die soziologischen Klassiker »Die feinen Unterschiede« (Bourdieu) oder »The World of Goods« (Mary Douglas) verdeutlichen, dass Konsumstrukturen Klassenbeziehungen reproduzieren oder auch Kultur stabilisieren.

Aber wie haben sich Konsumpraktiken in der Gegenwart gewandelt? Wie bestimmen Konsummuster Gemeinschaften und welche Ausdifferenzierungen und Exklusionen finden auf Basis von Konsum statt? Wie konsumieren außereuropäische Gemeinschaften und Gesellschaften und welche Unterschiede lassen sich in postmaterialistischen Gemeinschaften hinsichtlich intersektionaler Fragestellungen ausmachen? Welchen Einfluss haben etwa Individualisierungstendenzen sowie Auseinandersetzungen in Medien und Politik auf das Konsumverhalten? Wie steht es um die Zukunft der viel umschriebenen Konsumgesellschaft? Welche Rolle spielen Rituale, Feste und Praktiken wie Gabentausch in diesem Zusammenhang? Und welchen Beitrag können soziologische Theorien bei der Beantwortung dieser Fragen leisten?

Das alles wollen wir von Euch wissen! Schickt uns Eure Texte zu diesen oder auch weiteren Fragen zum Thema bis zum **1. Juni 2018** an einsendungen @soziologiemagazin.de. Darüber hinaus sind wir wie immer themenunabhängig an Euren Rezensionen, Interviews oder Tagungsberichten interessiert.

Hilfestellungen für Eure Artikel bekommt ihr auf unserem Blog unter Hinweise für Autor_innen. Ihr wollt nicht schreiben und habt visuelle soziologische Arbeiten in bewegter oder nicht bewegter Form? Dann schickt sie uns. Wir sind gespannt auf Eure Arbeiten!

Figurationen der Wohnungsnot. Kontinuität und Wandel sozialer Praktiken, Sinnzusammenhänge und Strukturen

Konferenz am 29. und 30. September 2018 an der TH Nürnberg

Menschen ohne eigene Wohnung leben in einer biografisch prekären Lebenssituation, die mit einem Mangel an ökonomischen, kulturellen und sozialen Ressourcen einhergeht. Aus der Perspektive der bürgerlichen, kapitalistischen (Leistungs-)Gesellschaft erscheint das Leben ohne eigene Wohnung als nicht-konformes, abweichendes Verhalten. Robert K. Merton erklärte dieses Verhalten mit dem sozialen Tatbestand, dass bestimmte Bevölkerungsgruppen die kulturell definierten Ansprüche und Ziele nicht weiterverfolgen können, da ihnen die sozial strukturierten Wege und Mittel zur Realisierung dieser Ansprüche verwehrt werden. Diejenigen, die sowohl die gesellschaftlich akzeptierten Ziele als auch die legalen Mittel zur Zielerreichung ablehnen, reagieren mit einem Rückzug aus der bürgerlichen Gesellschaft. Mit dem Verfolgen dieser Handlungsstrategie geht ein Bedeutungsverlust von allgemein anerkannten Werten und Normen einher und führt zu einem Leben am Rande der Gesellschaft. Wissenschaftliche Forschung fokussierte sich daher häufig auf die Wege in die und aus der Wohnungslosigkeit, um nachzuvollziehen, wie präventiv ein ›Herausfallen‹ aus bürgerlichen Verhältnissen verhindert werden kann bzw. wie die als anomisch wahrgenommenen Verhältnisse in bürgerlich konforme (Wohn-)Verhältnisse überführt werden können. Trotz des Ausbaus von vielfältigen institutionellen und informell-ehrenamtlichen Unterstützungsstrukturen und dem verbrieften Recht auf Wohnen als international anerkanntes Menschenrecht verschärft sich derzeit das soziale Problem der Wohnungsnot.

Mit dem Fokus auf Mechanismen zur Integration von Menschen ohne eigene Wohnung in die bürgerliche Mehrheitsgesellschaft wird ein *Othering* (Johannes Fabian) der Wohnungslosen vollzogen, die als abweichende und passive ›Objekte‹ wohlfahrtsstaatlicher, ordnungspolitischer und zivilgesellschaftlicher Prävention und Intervention konzipiert werden. Sie werden zu Zielgruppen von Angeboten und Maßnahmen der Sozialen Arbeit, der Sozial- und Arbeitsmarktpolitik, der Gesundheitsfürsorge, der Resozialisierung, der Sozialplanung oder der ›Mitleidsökonomie‹, die subsidiären, aktivierenden, paternalistischen, resilienzfördernden, kontrollierenden, partizipativen oder philanthropischen Charakter haben können. Der Umgang mit dieser ›Randgruppe‹ der Gesellschaft ist spezifischen Deutungsmustern sowie relationalen Selbst- und Fremdbilder-Konstruktionen der Mehrheitsgesellschaft unterworfen, die sich in vorgegebenen Wegen der (Re-)Integration mit definierten Hilfeangeboten niederschlagen.

Um die pluralen Lebenswelten von Menschen ohne eigene Wohnung zu verstehen, möchten wir auf der Konferenz den Blick auf die jeweiligen Figurationen der Wohnungsnot lenken. Norbert Elias beschreibt mit dem Begriff der Figuration das komplexe Interdependenzgeflecht bzw. Netzwerk von Beziehungen, in dem Menschen in einer Gesellschaft agieren. Menschen ohne eigene Wohnung werden von uns nicht als sozial Ausgeschlossene und vereinsamte Eremiten gesehen. Vielmehr vertreten wir die Position, dass Menschen in ihrem Sein und ihrer Existenz immer gesellschaftsbezogen agieren. Sie befinden sich daher stets in Beziehungsgeflechten mit anderen (Elias) und ungleiche Machtverhältnisse charakterisieren. Menschen ohne eigene Wohnung bleiben in irgendeiner Form auf andere Menschen angewiesen, die sowohl Freunde, Verbündete oder Aktionspartner als auch Interessensgegner, Konkurrenten oder Feinde sein können.

Die Analyse von interdependenten und relationalen Beziehungsgeflechten von Menschen ohne eigene Wohnung eröffnet den Blick sowohl auf gesellschaftliche Normalitätsvorstellung und kulturelle Labeling- und Zuschreibungsprozesse als auch auf involvierte und sich artikulierende Subjekte mit (sub-)kulturellen Sinn- und Identitätskonstruktionen und eigensinnigen kulturellen Praxisformen. Die beteiligten Menschen werden von uns nicht als passive ›Opfer der Verhältnisse‹ gesehen, sondern verfügen über relative Autonomie, Handlungsfähigkeit sowie individuelle Lebensentwürfe und Erfahrungen. Sie interpretieren und deuten spezifische Situationen innerhalb von Beziehungsgeflechten, sie treffen Entscheidungen und gehen Beziehungen ein. Figurationen der Wohnungsnot beziehen sich dabei auf folgende Themenfelder (die Liste der Themen ist nicht abschließend):

- Menschen ohne eigene Wohnung gehen untereinander Beziehungen ein, sie leben in subkulturellen Szenen und Gemeinschaften, finden Bewältigungsmuster und Subsistenzstrategien, ihre differentiellen Kontakte und Gelegenheiten fördern delinquente Handlungsmuster, Konflikte und Gewalt sind alltagsrelevant, Distanzierungen und Abgrenzungen finden untereinander entlang der Kategorien Geschlecht, Alter, Gesundheitsstatus, (Sub-)Kultur und Milieu statt. Von besonderem Interesse sind hier sowohl Gender-Aspekte als auch die Situationen von minderjährigen Jugendlichen, Drogenkonsumenten sowie Menschen mit einem Flucht- oder (Arbeits-)Migrationshintergrund.

− Neoliberale Stadtpolitik, die zunehmende Kommodifizierung städtischer Räume und sicherheitspolitische Diskurse haben Auswirkungen für Menschen ohne eigene Wohnung, als Nutzer der urbanen Infrastruktur. Sie befinden sich in einem Beziehungsgeflecht mit ordnungsrechtlichen und sicherheitspolitischen Organisationen und werden durch diese kontrolliert, verdrängt, kriminalisiert und diszipliniert. Betroffene begegnen diesem Verhalten mit unterschiedlichen visiblen und invisiblen Copingstrategien. Städte haben für in Wohnungsnot geratene Menschen als Raum von Möglichkeiten eine enorme Anziehungskraft, gleichzeitig schränken urbane Sicherheitsstrategien zur Gefahrenabwehr und Kriminalprävention sowie Maßnahmen im Rahmen der Stadtentwicklung Betroffene in ihren Handlungsmöglichkeiten ein.
− Wechselwirkungen zwischen Individuum und Gesellschaft zeigen sich in der Existenz und den Praktiken von Organisationen der Problembearbeitungen, die Beziehungsgefüge zu Menschen ohne eigene Wohnung strukturieren. Wohlfahrtsstaatliche, sozialwirtschaftliche und bürokratische Organisationen agieren in einem spezifischen Hilfesystem (Wohnungslosenhilfe, Suchthilfe, Jugendhilfe, Sozialhilfe), in dem professionelle Fachkräfte der Sozialen Arbeit und Street-Level-Bürokraten soziale Dienstleistungen und Sachleistungen für Betroffene anbieten. Diese Verflechtungen mit Sozialisations- und Kontrollagenturen sind nicht selten von ungleichen Machtrelationen, gegenseitigen Typisierungen und Kategorisierungen sowie Spannungen, Widerständen und Dynamiken geprägt und können unter Umständen sogar grenzüberschreitend sein.
− Besondere Interdependenzgeflechte bilden sich, wenn Menschen ohne eigene Wohnung dauerhaft Unterkunftsangebote in Anspruch nehmen und in Obdachlosen-Wohnheimen oder Pensionen leben, diese zur ›Heimat‹ und zum ›Zuhause‹ werden und sich neue Interaktionsordnungen mit eigenen Handlungsmöglichkeiten und Abhängigkeiten herauskristallisieren.
− Gesellschaftliche Gewebe zeigen sich in Interaktionsmustern von Menschen ohne eigene Wohnung mit zivilgesellschaftlichen Akteuren und privaten, freien oder kirchlichen Initiativen. Hier treffen Wohnungslose häufig mit Ehrenamtlichen zusammen, die sich in Essensausgaben, Freiwilligenagenturen, Sozialkaufhäusern, Suppenküchen und Wärmestuben engagieren. Virulent werden daher Aspekte des Fremdverstehens, der Macht, der Partizipation, der Empathie, der Projektion, der Gestaltung von Nähe und Distanz oder der (Über-)Identifikation.

- Neue Figurationen entstehen, wenn De-Labeling-Ansätze wie ›Housing First‹, die Tiny-House-Bewegung oder alternative bzw. integrative Wohnkonzepte verfolgt werden. Mit ihnen etablieren sich neue Modelle des Wohnens, der Wohnraumgestaltung und der Lebensführung, aber auch politische Instrumentalisierungen oder neue Identifikationsmöglichkeiten und Identitätsartikulationen.
- Besondere Figurationen stellen Selbst-und Fremdrepräsentationen von in Wohnungsnot geratenen Menschen etwa in (autobiografischen) Büchern, Dokumentationen im Fernsehen oder Radio, Sozialreportagen in Straßenzeitungen, visuellen Selbstinszenierungen in Sozialen Medien, inszenierten Theateraufführungen oder touristischen Obdachlosen-Stadtführungen dar. Das hier skizzierte Spannungsfeld bewegt sich auf Seiten der häufig bürgerlichen Rezipienten zwischen (Sozial-)Voyeurismus und Sensibilisierung für soziale Ungleichheiten durch die direkte Konfrontation mit Armut.

Die Konferenz möchte mit dem Fokus auf Figurationen der Wohnungsnot dazu einladen, die komplexen Interdependenzgeflechte, in denen sich Menschen ohne eigene Wohnung befinden, zu analysieren. Diese Figurationen ermöglichen und begrenzen Handeln, sie sind von Kontinuität und Wandel sowie von ungleichen Machtverhältnissen gekennzeichnet und führen zur Herausbildung von spezifischen sozialen Praktiken, Sinnzusammenhängen und Strukturen.

Wir freuen uns über theoretische und empirische sowie interdisziplinäre oder ländervergleichende Beiträge, die unterschiedliche Figurationen der Wohnungslosigkeit untersuchen. Auch studentische Arbeiten sind willkommen, sofern es sich um Ergebnisse aus Qualifizierungsarbeiten (Bachelor, Master) handelt. Schließlich werden im Rahmen der Konferenz auch die Endergebnisse des studentischen Lehrforschungsprojekts Wohnungslosigkeit in der Metropolregion Nürnberg der TH Nürnberg vorgestellt.

Im Anschluss an die Konferenz werden die Vorträge als Buchbeiträge im Sammelband *Figurationen der Wohnungsnot* im Verlag Beltz Juventa veröffentlicht. Der Einsendeschluss für Ihren Vorschlag ist der **30. Juni 2018**. Bitte senden Sie Ihr Abstract (maximal 350 Wörter) an

Frank Sowa
E-Mail: frank.sowa@th-nuernberg.de

Tagungen

Stadterneuerung in Klein- und Mittelstädten

Tagung am 21. und 22. Juni 2018 an der TU Kaiserslautern

Seit mehreren Jahren veranstaltet der Arbeitskreis Stadterneuerung an deutschsprachigen Hochschulen einmal im Jahr eine Tagung zu wechselnden Fragestellungen der Stadterneuerung. Am 21. und 22. Juni 2018 findet die Tagung erstmals am Fachbereich Raum- und Umweltplanung der TU Kaiserslautern statt, als gemeinsame Veranstaltung des Arbeitskreises mit den Fachgebieten Stadtplanung sowie Stadtumbau und Ortserneuerung.

Hintergrund und thematischer Fokus

Die Entwicklung von Städten in der Bundesrepublik steht aktuell vor unterschiedlichen Herausforderungen. Auf der einen Seite wachsen zahlreiche städtische Ballungsräume und Universitätsstädte, hier sind die Kommunen angehalten, preiswerten Wohnraum zu schaffen und das soziale Auseinanderdriften von Stadtteilen zu dämpfen. Auf der anderen Seite steht eine wachsende Anzahl von Kommunen, in denen die Einwohnerzahlen sinken oder stagnieren und bei denen ein entspannter Wohnungsmarkt sowie ein geringer Nachfragedruck bestehen. Von dieser ungleichzeitigen Entwicklung sind auch viele Klein- und Mittelstädte betroffen.

Die etwa 2.000 Klein- und Mittelstädte in der Bundesrepublik Deutschland sind ein wichtiger Bestandteil des Siedlungsnetzes, in ihnen lebt etwa die Hälfte der Einwohner des Landes. Je nach Lage und regionaler Bedeutung stehen Klein- und Mittelstädte vor unterschiedlichen Herausforderungen, aber auch vielen Gemeinsamkeiten bei der Erneuerung der Städte. Diese sollen im Rahmen der Jahrestagung thematisiert und herausgearbeitet werden. So gibt es beispielsweise in einzelnen Kommunen einen großen Wissens- und Erfahrungsschatz über neue Verfahren und Instrumente der Stadterneuerung. Diese guten Bespiele sind häufig wenig bekannt und bisher nur in Ansätzen wissenschaftlich untersucht worden.

Es ist aber auch zu beobachten, dass in vielen Kommunen die Stadterneuerung nach tradierten Mustern »abläuft« und damit zentrale Herausforderungen wie der Klimawandel, der Strukturwandel im Handel, der Wunsch der Bürger nach frühzeitiger Beteiligung und Mitwirkung oder die Zunahme von Leerständen und Problemimmobilien entweder nicht wahrgenommen werden oder eine geringe Rolle spielen.

Auf der Tagung möchten wir die Situation der Stadterneuerung in Klein- und Mittelstädten hinsichtlich ihrer Wahrnehmung und ihres Innovationsgehalts näher beleuchten und daraus verallgemeinerbare Folgerungen für eine Profilschärfung der Stadterneuerung in Theorie und Praxis ableiten.

- Wie stellen sich die besonderen Herausforderungen der Stadterneuerung in Klein- und Mittelstädten dar? Welche neuen Themenfelder sollten künftig eine größere Rolle spielen?
- Wie sieht der planerische Instrumentenmix aus formellen, informellen und kommunikativen Instrumente aus?
- Welche Rolle spielen hoheitliche Maßnahmen (Bauleitplanung, Gebote, Versagungen) bei der Durchsetzung von Zielen und Maßnahmen der Stadterneuerung, oder haben sich verstärkt kooperative Verfahren durchgesetzt?
- Welche Erfahrungen haben Klein- und Mittelstädte mit den sich ausdifferenzierenden Förderprogrammen der Stadterneuerung gemacht?
- Sind Anpassungen und Modifizierungen in der Städtebauförderung, etwa beim Förderprogramm »Kleine Städte und Gemeinden«, notwendig?
- Wie kann in der Stadterneuerung auf Leerstände und fehlende Infrastruktur in Kleinstädten reagiert werden, ist hierfür zum Beispiel das Stadtumbau-Programm geeignet?
- Wie vollziehen die Städte das planerische Ziel der Innenentwicklung und welche Rolle spielt dabei die Stadterneuerung? Gibt es hier neue Erfahrungen und Instrumente?
- Wie gehen Klein- und Mittelstädte mit der Notwendigkeit einer ganzheitlichen Entwicklung in den Stadterneuerungsgebieten (öffentlicher Raum, funktionelle Stärkung, Unterstützung privater Akteure) um? Gibt es dazu verallgemeinerbare Routinen und neue planerisch-konzeptionelle Ansätze, wie zum Beispiel die integrierten Stadtentwicklungskonzepte?
- Gibt es besondere Akteurskonstellationen in Klein- und Mittelstädten, und wirken sich diese fördernd oder hemmend auf die Umsetzung der Stadterneuerung aus?

– Welche neuen Erfahrungen und Formate der Bürgerbeteiligung gibt es, und was wäre davon übertragbar?
– Inwiefern sind in den Kommunen neuere Entwicklungen im Mobilitätsverhalten Teil einer integrierten Stadterneuerungsstrategie?

Kontakt und Ansprechpartner für Rückfragen:
Prof. Dr.-Ing. Holger Schmidt
E-Mail: stadtumbau@uni-kl.de

Leibliche Interaktion. Phänomenologische Annäherungen an einen soziologischen Grundbegriff

3. Tagung des Interdisziplinären Arbeitskreises Phänomenologien und Soziologie (IAPS) der DGS-Sektion Soziologische Theorie am 28. und 29. Juni 2018 an der Goethe-Universität Frankfurt am Main

Beginnend bei Georg Simmels Blick auf Gesellschaft als »Wechselwirkung« von Menschen über den »symbolischen Interaktionismus« im Anschluss an George Herbert Mead und Herbert Blumer sowie Erving Goffmans Analysen zur »Interaktionsordnung« hin zu Anthony Giddens Strukturierungstheorie, die Interaktionen zur zentralen Analyseeinheit des Sozialen erklärt, oder Niklas Luhmanns »Interaktionssysteme« zeigt sich, dass Interaktion ein grundlegender Begriff und Untersuchungsgegenstand der Soziologie ist. So unterschiedlich die vorliegenden interaktionssoziologischen Ansätze in ihrer theoretisch-konzeptionellen Anlage auch sind, weisen sie doch einige zentrale Gemeinsamkeiten auf. Vereinfacht gesagt, richtet die Interaktionssoziologie ihren Blick auf face-to-face-Situationen, in denen körperlich ko-präsente menschliche Akteure auf der Grundlage internalisierter Wertvorstellungen und Erwartungshaltungen wechselseitig ihr Handeln aneinander orientieren, indem sie Symbole, vor allem sprachliche Äußerungen, und Zeichen, zum Beispiel Gesten und Mimik, interpretieren und damit typischerweise die in aller Regel unbewusste Absicht verbinden, nicht aus der Rolle zu fallen, kommunikative Anschlüsse herzustellen und so die mikrosoziale Ordnung aufrechtzuerhalten.

Aus der Sicht einer phänomenologisch orientierten Soziologie ist dieser Fokus auf die symbolisch-verstehende und körperlich-aktive Dimensionen sozialer Interaktion jedoch zu eng. Auf der Strecke bleibt hierbei nämlich die wortlose, nicht-intentionale, präreflexive, passiv-pathische Dimension sozialer Interaktion, die im phänomenologischen Sinne als leibliche Interaktion bezeichnet werden kann.

Mit leiblicher Interaktion kann ganz allgemein ein sozialer Verständigungsprozess verstanden werden, für den wesentlich ist, dass Ego und Alter mittels eigenleiblicher Wahrnehmungen ihr Handeln aneinander orientieren. Typische Formen leiblicher Interaktion sind das »Ko-Agieren ohne Reaktionszeit« (Hermann Schmitz) im reibungslosen aneinander Vorbeigehen auf einem bevölkerten Gehweg oder beim Führen und Folgen im Paartanz, die Verführung durch einen flirtenden Blick oder die Disziplinierung des Anderen mittels eines strafenden Blicks, das rhythmische sich Einschwingen in die La-Ola-Welle im Fußballstadion oder die Entwicklung eines gemeinsamen Bewegungsrhythmus' beim Sex mit dem Partner, das leibliche Verstehen einer angespannten Gesprächsatmosphäre oder das der Physiotherapeutin beim Ertasten der muskulären Verspannung ihrer Patientin, das ein spontanes oder intuitives Handeln zur Folge hat, etc.

Da die Phänomenologie in differenzierter Weise die Räumlichkeit sozialer Interaktionen mit einbezieht, ohne sich dabei auf den Ortsraum zu beschränken, stellt sich des Weiteren die Frage, inwieweit nicht auch das Ergriffensein von der Interaktion mit nicht am Ort Anwesenden phänomenologisch in fruchtbarer Weise untersucht werden kann bzw. sollte. Beispiele hierfür wären etwa die Interaktion mit Verstorbenen oder Geistern, die im Rahmen unheimlicher Atmosphären stattfinden, oder die Interaktion mit technisch vermittelt Anwesenden, die über das Telefon oder das Internet möglich wird.

Auf der Tagung soll das Konzept leibliche Interaktion an solchen oder ähnlichen empirischen Beispielen erläutert werden. Im Mittelpunkt steht allerdings die Frage, was die phänomenologische Philosophie zur Klärung des soziologischen Konzepts leibliche Interaktion beizutragen hat. Genauer gesagt, da es die phänomenologische Philosophie nicht gibt (weshalb der IAPS auch von Phänomenologie im Plural spricht), will sich die Tagung aus der Perspektive verschiedener Phänomenologien dem Thema leibliche Interaktion nähern. Zu denken ist hier etwa an die klassische Phänomenologie im Anschluss an Edmund Husserl, die Philosophische Anthropologie Helmuth Plessners oder Max Schelers, die französische Phänomenologie Maurice Merleau-Pontys, Jean-Paul Sartres oder Emanuel Levinas', die Neue Phänomenologie von Hermann Schmitz, die Responsive Phänomenologie Bernhard Waldenfels', die Postphänomenologie Don Ihdes oder die phänomenologisch angelegte embodied cognition-Forschung anknüpfend an Shaun Gallagher. Diese Auswahl der genannten phänomenologischen Ansätze ist selbstredend nicht erschöpfend und dient primär der Orientierung.

Kontakt:
Prof. Dr. Robert Gugutzer
E-Mail: gugutzer@sport.uni-frankfurt.de

Kritiken der Krise

Studentische Konferenz für Politische Theorie am 29. und 30. Juni 2018 an der Goethe-Universität Frankfurt am Main

Der Begriff Krise entstammt dem griechischen Verb *krinein* (trennen) und markiert einen Höhepunkt, an welchem sich eine Entscheidung aufdrängt. Krise ist die Zuspitzung eines Widerspruchs bis zu dem Punkt des Ausbruchs. Der kritische Zustand ist ein labiler, in der sich eine alte Ordnung behaupten oder eine neue zur Durchsetzung bringen muss. Die Krise kann somit als beides bestimmt werden: Zerfalls- und Transformationsprozess; Destruktivität und Potentialität.

Entlang dieser Linie zeichnen sich in der Politischen Theorie seit jeher verschiedene Interpretationen der Krise ab. Um in Krisenmomenten Handlungsspielräume zu erörtern oder Lösungswege zeigen zu können, bedarf es zunächst einer Bestimmung der Krise. Während über die Unterscheidung von ökonomischen, politischen und sozialen Krisen relative Einigkeit herrscht, ist das Verhältnis dieser Sphären zur Krisenbestimmung der primäre Kampfplatz für die Politische Theorie. Grundlegend verschiedene Annahmen der Theoriestränge benennen verschiedene Stellungen und Dependenzen dieser Sphären, formieren verschiedene Handlungsmöglichkeiten, welche von Restauration bis Revolution reichen. So kann man zwischen einem progressiven und einem konservativen Krisenbegriff unterscheiden. Betont ersterer Potentiale und Transformationsmöglichkeiten, hebt der letztere das Moment von Zerfall oder Ordnungsschwund hervor.

Die Krise zu bestimmen heißt hier zweierlei, insofern wir es mit zwei Ebenen von Krise zu tun haben: Einmal mit der besonderen ökonomischen, politischen, sozialen Krise; der Krise als Diskontinuitätsmoment.

Ein anderes Mal mit dem Wesen der Krise – ihre allgemeine und begriffliche Seite sowie ihr kontinuierliches Moment; dem, was die modernen Krisen gemeinsam haben: Der Krise der Moderne.

Die Kritische Theorie betont dabei, dass die Erkundung beider Sphären von der jeweils anderen inspiriert sein muss: Die Krise der Moderne lässt sich nicht ohne ihre partikularen Erscheinungsformen verstehen, sowie die akuten Krisenphänomene ohne ihr Allgemeines zufällig bleiben. Aber auch für konservative Denker ist die allgemeine Seite relevant zur Bestimmung des Besonderen. Die Deutung der Moderne erweist sich als Schlüsselmoment zum Verständnis bestimmter Krisentheorien und andersherum. Dies nachzuvollziehen ist die Aufgabe der Politischen Theorie.

Die Krise zu überwinden erfordert ihre Kritik. Die Kritik bedarf der Bestimmung der Krise. Je nach Bestimmung ergeben sich unterschiedliche Kritiken, die zu unterschiedlichen Programmen der Überwindung beitragen und teils miteinander, teils gegeneinander in Stellung gehen. Was sind die Kritiken der Krise und in welchem Verhältnis stehen sie? Worin bestehen Gemeinsamkeiten und Differenzen? Worin Stärken und Schwächen? Nur im Vergleich der Krisentheoreme werden ihre Kritiken, die zu unterschiedlichen Programmen der Überwindung beitragen, ersichtlich.

Kritiken der Krise will den Bestimmungen ihrer Konzeptionen nachgehen und in Diskussion bringen, um nach Antworten eben darauf zu suchen. Dabei geht es immer auch um die Krise selbst:

- Wie verhält sich in ihr Politisches und Ökonomisches zueinander? Wie Destruktives und Produktives? Wie Konservatives und Progressives?
- Wie bestimmen sich die Formulierungen des Verhältnisses von Krise und Kritik in konservativen und progressiven Denktraditionen?
- Wie verhalten sich in denselben die Faktoren Destruktivität und Potentialität in Bezug auf die Krise? Welche politischen Implikationen sind in den Krisenbestimmungen enthalten?
- Wie verhalten sich allgemeine Krisenbegriffe (Krise der Moderne) zu besonderen Krisenphänomenen? Inwiefern gilt Krise als Normal-, inwiefern als Ausnahmezustand?
- Wie lässt sich die gegenwärtig anhaltende Krise bestimmen? In welchen Kategorien kann die gegenwärtige Krise gefasst werden (sozial, politisch, ökonomisch etc.)? Wer und was befindet sich in der Krise (Subjekt, Gesellschaft, Politik, Ökonomie)?
- Können die vergangenen US-Wahlen, das Brexit-Votum sowie weitere politische Verschiebungen in und außerhalb Europas als verschiedene

Phänomene derselben Krise gedeutet werden? Wie ließe sich diese Krise bestimmen (etwa als »Krise des Neoliberalismus«)?
- Wie unterscheidet sich die gegenwärtige Krise von vergangenen Krisen des Langen 20. Jahrhunderts? Wie ähnlich sind sie? Was können historische Vergleiche sinnvoll zur Bestimmung unserer Gegenwart beitragen?

Die Teilnahme an der Konferenz ist kostenlos. Bitte beachtet, dass für anstehende Fahrt- und Übernachtungskosten nicht aufgekommen werden kann.

Kontakt:
kritikenderkrise@gmail.com

Diversity, Threat and Morality in Urban Spaces

International Conference 11th and 12th of October 2018 at the University of Tübingen

The recent turn to urban ethnography in migration and diversity studies has provided multiple insights into questions of conviviality and boundary-making processes in diversified urban settings. However, less emphasis has been put on the effects of morality and threat dynamics as facilitators of local divide or cohesion. With the aim of filling that gap, this conference aims to examine the interconnections between discourses of threat, power and morality in contexts where urban diversity meets inequality.

The guiding questions for the conference emerged in the research project ›Threat and Diversity in Urban Contexts‹, which is part of the Collaborative Research Centre 923 ›Threatened Orders – Societies under Stress‹, at the University of Tübingen. In this project, diversity is not conceived as ethnic heterogeneity but as configuration of multiple social differences. Threat is understood as a social and emotional dynamic affecting broader social spheres and changing how individuals or groups move in urban spaces, which aspects of urban conviviality they focus on, and how they create ethnic, social, or moral boundaries.

Threat often operates by means of moralization, understood as an emotionalizing idiom referring to the inherent vulnerability of human co-existence. Threat discourses build on social imaginaries such as ideas of ›the good life‹, community, public order, security, or prosperity. Seeing these normative and imaginary aspects of conviviality endangered may evoke emotions of fear, contempt, or anger. When (moral) threat dynamics intensify, it becomes more difficult for social actors to remain in a neutral position, to keep up cross-cutting ties, to focus on positive or neutral aspects of urban conviviality and to pretend to be sympathetic for those they consider as ›others‹. Moral problematization can reinforce, but also contest boundaries based on other categories like class, ethnicity, gender, life-style, sexual orientation, residency, or political opinion.

Although some moral views are shared across groups, places and times, moralities are at the same time fragmented and contested. It is of special empirical interest to understand how heterogeneous moralities play out within and/or across diverse settings. Often, established and powerful groups control the ideas of what being a ›good member‹ of a local community means. In contrast, newcomers tend to be constructed as (moral) outsiders. However, the hegemony of established groups can be challenged and alternative ideas of a ›good life‹ and ›good social relationships‹ can be introduced. But who is and who is not in the position to challenge established moralities remains an empirical question.

The conference is particularly interested in the following topics:

- How does morality affect urban everyday life?
- How can threat influence the way people perceive urban spaces?
- How can the links between power, threat, morality and space be understood? How does moral problematization affect relations between persons and places? How does threat influence local and social boundary-making? How do more specific threats (e.g. violence) relate to more general and abstract threats (e.g. the restructuring of capitalism)?
- How does threat affect modes of conviviality in diverse and unequal settings? What role does it play for the understanding of everyday moralities?
- How does morality challenge or connect to ideas of local community and communitarianism?
- How do conflicting moralities become interlinked, contested, negotiated etc.?
- Can threat be understood as a productive or destructive social force? And if so: What does it produce or destroy?

Organizers:
Prof. Dr. Boris Nieswand, Dr. Damián Omar Martínez, Moritz Fischer, M.A.
E-Mail: threat-morality-conference@sfb923.uni-tuebingen.de

Prof. Dr. Oliver Arránz Becker, Martin-Luther-Universität Halle-Wittenberg, Philosophische Fakultät I, Emil-Abderhalden-Straße 26–27, D-06108 Halle/Saale, E-Mail: oliver.arranz-becker@soziologie.uni-halle.de

Insa Bechert, M.A., GESIS – Leibniz Institut für Sozialwissenschaften, Unter Sachsenhausen 6–8, D-50667 Köln, E-Mail: Insa.bechert@gesis.org

Kathrin Behrens, M.A., Heinrich-Heine-Universität, Philosophische Fakultät, Institut für Sozialwissenschaften, Universitätsstraße 1, D-40225 Düsseldorf, E-Mail: kathrin.behrens@uni-duesseldorf.de

Prof. Dr. Tanja Betz, Goethe-Universität Frankfurt am Main, FB Erziehungswissenschaften, Campus Westend – Theodor-W.-Adorno-Platz 6, D-60323 Frankfurt am Main, E-Mail: betz@em.uni-frankfurt.de

Dr. Nadja Bieletzki, Leibniz Universität Hannover, Leibniz Center for Science and Society (LCSS), Lange Laube 32, D-30159 Hannover, E-Mail: nadja.bieletzki@LCSS.uni-hannover.de

Dr. Roland Bloch, Martin-Luther-Universität Halle-Wittenberg, Zentrum für Schul- und Bildungsforschung, Franckeplatz 1, Haus 31, D-06099 Halle/Saale, E-Mail: roland.bloch@zsb.uni-halle.de

Dr. Tanja Bogusz, Universität Kassel, FB 05 Gesellschaftswissenschaften, Nora-Platiel-Straße 5, D-34109 Kassel, E-Mail: bogusz@uni-kassel.de

Dr. Tim Flink, Humboldt-Universität zu Berlin, Institut für Sozialwissenschaften, Unter den Linden 6, D-10099 Berlin. E-Mail: tim.flink@hu-berlin.de

Dr. Martina Franzen, Wissenschaftszentrum Berlin für Sozialforschung (WZB), Forschungsgruppe Wissenschaftspolitik, Reichpietschufer 50, D-10785 Berlin, E-Mail: martina.franzen@wzb.eu

Dipl.-Soz. Inka Fürtig, Universität Siegen, Fakultät II: Bildung Architektur Künste, Adolf-Reichwein-Straße 2, D-57068 Siegen, E-Mail: inka.fuertig@uni-siegen.de

Dr. Erika E. Gericke, Otto-von-Guericke-Universität Magdeburg, Fakultät für Humanwissenschaften, Institut I: Bildung, Beruf und Medien, Zschokkestraße 32, D-39104 Magdeburg, E-Mail: erika.gericke @ovgu.de

Dr. Angela Graf, Technische Universität München, Friedrich Schiedel-Stiftungslehrstuhl für Wissenschaftssoziologie, Arcisstraße 21, D-80333 München, E-Mail: angela.graf@tum.de

Dr. Julian Hamann, Universität Bonn, Forum Internationale Wissenschaft, Heussallee 18-24, D-53113 Bonn, E-Mail: hamann@uni-bonn.de

Prof. Dr. Anna Henkel, Leuphana Universität Lüneburg, Institut für Kultur- und Mediensoziologie, Universitätsallee 1, D-21335 Lüneburg, E-Mail: anna.henkel@leuphana.de

Prof. Dr. Michael Hölscher, Universität Speyer, Lehrstuhl für Hochschul- und Wissenschaftsmanagement, Freiherr-vom-Stein-Straße 2, D- 67324 Speyer, E-Mail: hoelscher@uni-speyer.de

Ines Hülsmann, ETH Zürich, Professur für Wissenschaftsforschung, Clausiusstraße 59, CH-8092 Zürich, E-Mail: huelsmann@wiss.gess.ethz.ch

Prof. Dr. David Kaldewey, Universität Bonn, Forum Internationale Wissenschaft, Heussallee 18–24, D-53113 Bonn, E-Mail: kaldewey@uni-bonn.de

Roman Kiefer, M.A., Albert-Ludwigs-Universität Freiburg, Institut für Soziologie, Rempartstraße 15, D-79098 Freiburg, E-Mail: roman.kiefer @soziologie.uni-freiburg.de

Prof. Dr. Anna Kosmützky, Leibniz Universität Hannover, Leibniz Center for Science and Society (LCSS), Lange Laube 32, D-30159 Hannover, E-Mail: anna.kosmuetzky@lcss.uni-hannover.de

Dr. Anne K. Krüger, Humboldt-Universität zu Berlin, Institut für Sozialwissenschaften, Unter den Linden 6, D-10099 Berlin. E-Mail: anne.k. krueger@hu-berlin.de

Dr. Anne-Kristin Kuhnt, Universität Duisburg-Essen, Fakultät für Gesellschaftswissenschaften, Lotharstraße 65, D-47057 Duisburg, E-Mail: anne-kristin.kuhnt@uni-due.de

Dr. Peter Lütke-Bornefeld, Wieningen 19, D-48351 Everswinkel, E-Mail: PLuetke-Bornefeld@vhv.de

Alexander Mayer, Universität der Bundeswehr München, Fakultät für Staats- und Sozialwissenschaften, Historisches Institut, Werner-Heisenberg-Weg 39, D- 85577 Neubiberg, E-Mail: alexander.mayer@ unibw.de

Dr. Frank Meier, Helmut-Schmidt-Universität, Wirtschafts- und Sozialwissenschaftliche Fakultät, Institut für Gesellschaftswissenschaften, Holtenhofweg 85, D- 22043 Hamburg, E-Mail: frank.meier@hsu-hh.de

Prof. Dr. Ruth Müller, Technische Universität München, Munich Center for Technology in Society (MCTS), Augustenstaße 44–46, D-80333 München, E-Mail: ruth.mueller@tum.de

Christoph Panzer, Albert-Ludwigs-Universität Freiburg, Institut für Soziologie, Rempartstraße 15, D-79098 Freiburg, E-Mail: Christoph.Panzer@soziologie.uni-freiburg.de

Prof. Dr. Matthias Pollmann-Schult, Otto-von-Guericke-Universität Magdeburg, Fakultät für Humanwissenschaften, Zschokkestraße 32, D-39104 Magdeburg, E-Mail: matthias.pollmann-schult@ovgu.de

Stefan Priester, Universität Bonn, Forum Internationale Wissenschaft, Heussallee 18-24, D-53113 Bonn, E-Mail: stefan.priester@uni-bonn.de

Prof. Dr. Marcel Raab, Universität Mannheim, Fakultät für Sozial- und Wirtschaftswissenschaften, A5, 6, D-68131 Mannheim, E-Mail: marcel.raab@uni-mannheim.de

Prof. Dr. Werner Raub, Utrecht University, Department of Sociology/ICS, Padualaan 14, NL-3584 CH Utrecht, E-Mail: w.raub@uu.nl

Prof. em. Dr. Jo Reichertz, Kulturwissenschaftliches Institut Essen, Goethestraße 31, D-45128 Essen, E-Mail: Jo.Reichertz@KWI-nrw.de

Prof. Dr. Martin Reinhart, Humboldt-Universität zu Berlin, Institut für Sozialwissenschaften, Unter den Linden 6, D-10099 Berlin. E-Mail: martin.reinhart@hu-berlin.de

Prof. Dr. Simone Rödder, Universität Hamburg, Institut für Soziologie, Fakultät für Wirtschafts- und Sozialwissenschaften, Grindelberg 5, D-20144 Hamburg, E-Mail: simone.roedder@uni-hamburg.de

Prof. em. Dr. Bernhard Schäfers, Karlsruher Institut für Technologie, Institut für Soziologie, Medien- und Kulturwissenschaften, Schlossbezirk 12, D-76131 Karlsruhe, E-Mail: schaefers.bernhard@gmx.de

Prof. Dr. Annette Schnabel, Heinrich-Heine-Universität Düsseldorf, Philosophische Fakultät, Institut für Sozialwissenschaften, Universitätsstraße 1, D-40225 Düsseldorf, E-Mail: annette.schnabel@uni-duesseldorf.de

Dr. Christian Schneickert, Universität Magdeburg, Institut für Gesellschaftswissenschaften, Allgemeine Soziologie/Makrosoziologie, Zschokkestraße 32, D-39104 Magdeburg, E-Mail: christian.schneickert@ovgu.de

Prof. Dr. Kathia Serrano-Velarde, Universität Heidelberg, Max-Weber-Institut für Soziologie, Bergheimer Straße 58, D 69120 Heidelberg, E-Mail: kathia.serrano@mwi.uni-heidelberg.de

Hannes Weinbrenner, Forstliche Versuchs- und Forschungsanstalt Baden-Württemberg, Wonnhaldenstraße 4, D-79100 Freiburg, E-Mail: hannes.wb@posteo.de

Dr. Reinhard Wittenberg, Friedrich-Alexander Universität Erlangen-Nürnberg, Fachbereich Wirtschaftswissenschaften, Lehrstuhl für Soziologie und empirische Sozialforschung, Findelgasse 7/9, D-90402 Nürnberg, E-Mail: Reinhard.Wittenberg@fau.de

Tanja Bogusz
Ende des methodologischen Nationalismus?

Im internationalen Vergleich erweist sich die institutionelle und disziplinäre Distanz zwischen Soziologie und Anthropologie in Deutschland nicht nur als erklärungsbedürftig, sondern angesichts der gegenwärtigen Globalisierungsprozesse als überholt. Der Beitrag geht den fachgeschichtlichen Ursachen dieser Distanz auf den Grund und kontrastiert sie mit den Entwicklungen im anglo-amerikanischen und dem französischen Sprachraum. Diese werden in der kolonial bedingten gesellschaftswissenschaftlichen Arbeitsteilung und der je unterschiedlichen Beziehung zu den Naturwissenschaften verortet. Gegenwärtige transnationale Problementwicklungen haben jedoch zu neuen Verbindungen zwischen Natur- und Gesellschaftswissenschaften geführt, die zugleich eine Annäherung von Soziologie und Anthropologie zur Folge hat.

Compared to international standard and facing actual procedures of globalization, the institutional and disciplinary detachment between sociology and anthropology in Germany seems not only astonishing, but simply outdated. The paper explores the historical background of this detachment and contrasts it with the situation in the Anglo-American and French communities. In this respect, the colonial circumstanced division of labor in the social sciences in general, and especially the respective relation between sociology, anthropology and the natural sciences in Germany are detected as striking features of disciplinary developments. However, recent transnational problems have engendered new connections between the social and the natural sciences, entailing as well new alignments between sociology and anthropology.

Roman Kiefer, Christoph Panzer, Hannes Weinbrenner
Das Versprechen der Soziologie

In den Debatten um das Verhältnis von Soziologie und Kritik sowie um Public Sociology wird die Disziplin stets auf die eine oder andere Weise mit gesellschaftskritischer Theorie und Praxis verknüpft. Ausgehend von der Überlegung, dass dieses besondere Verhältnis zur Kritik ein Versprechen auf kritisch-emanzipatorische Inhalte und Praxis als Kernelement der Soziologie darstellt, wird hier in einer explorativen Studie nach der Relevanz dieses Versprechens für die Studienmotivation sowie das Rollen- und Disziplinverständnis von Studierenden der Soziologie in Deutschland gefragt, deren Perspektive in den genannten Debatten bislang unterrepräsentiert ist. Mit Hilfe eines Onlinefragebogens wurden hierfür 1068 Studierende der Soziologie und Sozialwissenschaften befragt. Es zeigt sich, dass die Zustimmung zu einem kritisch-emanzipatorischen Verständnis der Disziplin und der eigenen Rolle als Soziolog*in durchgehend hoch ist, diese Zustimmung jedoch nicht in unmittelbaren Zusammenhang mit zentralen Sozialstrukturvariablen gebracht werden kann. Studienstandort und Position im Studienverlauf hingegen erweisen sich als deutliche Einflussgrößen. Die Ergebnisse zeigen die Bedeutung und das strukturierende Potential der hier verhandelten Fragestellung für eine Analyse des soziologischen Felds in Deutschland und den Bedarf an weiterer selbstreflexiver Forschung.

In the debates about public sociology and about the relationship between sociology and criticism, the discipline is always linked in one way or another with social critique. Based on the premise that this special relationship to criticism is a promise for critical-emancipatory theory and praxis to be a core element of sociology, we conducted an exploratory study on the relevance of this promise for the study motivation as well as the individual role and the general understanding of the discipline of sociology students in Germany, whose perspective is so far underrepresented in the debates mentioned. An online questionnaire asked 1068 students of sociology and social sciences. It is shown that the consent to a critical-emancipatory understanding of the discipline and of the student's own role as a sociologist is thoroughly endorsed, but this consent cannot be brought into direct connection with central social structure variables. However, the place of study and the position in the course of studies prove to be significant factors. The results illustrate the importance and the structuring potential of the question discussed here for an analysis of the sociological field in Germany and show the need for further self-reflective research.

Jo Reichertz
Wer erbringt hier die Leistung?

Gemeinsam Daten zu interpretieren ist in der qualitativen und interpretativen Sozialforschung heute eine weit verbreitet Praxis. Oft publiziert jedoch nicht die Interpretationsgruppe die Ergebnisse, sondern einzelne Forscher/innen, die Teil der Interpretationsgruppe waren. Dies kann immer dann zu Problemen führen, wenn die Publikation in einem Reviewverfahren bewertet wird oder Teil einer Qualifikationsleistung (Masterarbeit, Dissertation) ist. Dann stellt sich nämlich die Frage, wer eigentlich die Interpretationsleistung erbracht hat – der Autor oder die Interpretationsgruppe? In dem Artikel wird zur Lösung dieses Problems vorgeschlagen, die Ergebnisse der gemeinsamen Interpretation als Daten zweiter Ordnung zu begreifen, die zum Zwecke der Publikation von dem/der Autorin vor dem Hintergrund der eigenen Fragestellung neu ausgedeutet werden. Die Neuausdeutung ist dann eine klar abtrennbare und eigenständige Leistung.

To interpret data together is a common practice in today's qualitative and interpretive social research. Often, however, the results are not published by the interpretation group but by individual researchers who were part of this interpretation group. This can always lead to problems when the publication is evaluated in a review process or when it is part of an academic qualification (Master-Thesis, PhD-Thesis). If this is the case, the question arises, who actually provided the achievement of this interpretation – the author or the interpretation group? This article proposes to solve this problem by understanding the results of common interpretation as second order data, which, for the purpose of publication, are reinterpreted by the author against the background of his own question. In that case, the reinterpretation is a clearly separable and independent achievement.

Autorenkollektiv
Aktuelle Herausforderungen der Wissenschafts- und Hochschulforschung

In den letzten Jahren ist im deutschen Sprachraum, abweichend von der internationalen Nomenklatur, vermehrt von »Wissenschafts- und Hochschulforschung« die Rede. Angezeigt ist damit die Suche nach einem Überbegriff für die diversen sozialwissenschaftlichen Perspektiven auf Wissenschaft und Universität. Vor diesem Hintergrund versteht sich der vorliegende Beitrag als kollektive Standortbestimmung. Anhand von sieben Forschungsagenden zeigen die Autor/innen das Potenzial einer stärkeren Verbindung von Wissenschafts- und Hochschulforschung. Die sieben Agenden bilden zum einen Fragen und Probleme ab, die der aktuelle Forschungsstand aufwirft, zum anderen zeigen sie Relevanz der soziologischen Perspektive für die theoretische und methodische Integration der beiden Forschungsfelder.

In recent years, social science perspectives that are concerned with academic research and higher education have increasingly been subsumed under the umbrella term »science and higher education studies« – a peculiar German category that is uncommon in the international context, where »science and technology studies« and »higher education studies« are developing rather independently from each other. Against this background, the current paper documents a discussion of several scholars from both science and higher education studies. Sketching seven research agendas, the contribution identifies fields of study for which a closer interaction between the two fields would be beneficial. On the one hand, these agendas highlight open questions of the current state of research. On the other hand, the agendas illustrate how a sociological perspective can contribute to integrating science and higher education studies both theoretically and methodologically.

Bitte berücksichtigen Sie bei der Fertigstellung Ihres Manuskriptes folgende Hinweise zur Textgestaltung. Bitte verwenden Sie die neue deutsche Rechtschreibung, verzichten Sie möglichst auf Abkürzungen und formulieren Sie Ihren Beitrag in einer geschlechtergerechten Sprache.

Fußnoten nur für inhaltliche Kommentare, nicht für bibliographische Angaben benutzen.

Literaturhinweise im Text durch Nennung des Autorennamens, des Erscheinungsjahres und ggf. der Seitenzahl in Klammern. Zum Beispiel: (König 1962: 17).

Bei *zwei AutorInnen* beide Namen angeben und durch Komma trennen, bei *drei und mehr AutorInnen* nach dem ersten Namen »et al.« hinzufügen.

Mehrere Titel pro AutorIn und Erscheinungsjahr durch Hinzufügung von a, b, c … kenntlich machen: (König 1962a, 1962b).

Mehrere aufeinander folgende Literaturhinweise durch Semikolon trennen: (König 1962: 64; Berger, Luckmann 1974: 137)

Literaturliste am Schluss des Manuskriptes: Alle zitierten Titel alphabetisch nach Autorennamen und je AutorIn nach Erscheinungsjahr (aufsteigend) geordnet in einem gesonderten Anhang aufführen. Hier bei mehreren AutorInnen alle namentlich, durch Kommata getrennt, nennen. Verlagsort und Verlag angeben.

Bücher: Luhmann, N. 1984: Soziale Systeme. Grundriss einer allgemeinen Theorie. Frankfurt am Main: Suhrkamp.

Zeitschriftenbeiträge: Müller-Benedict, V. 2003: Modellierung in der Soziologie – heutige Fragestellungen und Perspektiven. Soziologie, 32. Jg., Heft 1, 21–36.

Beiträge aus Sammelbänden: Lehn, D. von, Heath, Ch. 2003: Das Museum als Lern- und Erlebnisraum. In J. Allmendinger (Hg.), Entstaatlichung und soziale Sicherheit. Opladen: Leske + Budrich, 902–914.

Im Literaturverwaltungsprogramm **Citavi** können Sie unseren **Zitationsstil** »Soziologie – Forum der Deutschen Gesellschaft für Soziologie« nutzen.

Fügen Sie Ihrem Manuskript bitte eine deutsche und eine englische **Zusammenfassung von maximal je 15 Zeilen**, sowie **Name, Titel und Korrespondenzadresse** bei. Schicken Sie Ihren Text bitte als .doc oder .docx **per e-mail** an die Redaktion der Soziologie.

Für **Sektionsberichte** beachten Sie bitte, dass einzelne Tagungsberichte 7.500 Zeichen (inkl. Leerzeichen) nicht überschreiten sollten. Für Jahresberichte stehen max. 15.000 Zeichen zur Verfügung.